LE CHEMIN VERS LE SAINT DES SAINTS

Voici une série d'études données par Derek Prince, dont certaines ont été éditées. Elles sont encore pour la plupart dans leur forme et leur contexte originaux. L'auteur introduit parfois son message par une prière, que nous avons volontairement gardée telle quelle.

Derek Prince

ISBN 978-1-78263-092-0

Originally published in English as a series of audiotapes under the title "The Way into the Holiest" (A4021-A4028).
French translation published by permission of Derek Prince Ministries International USA, P.O. Box 19501, Charlotte, North Carolina 28219-9501, USA.

Traduit par Florence Boyer.

Sauf autre indication, les citations bibliques de cette publication sont tirées de la traduction Louis Segond "Nouvelle Edition".

Publié par Derek Prince Ministries France, année 2005.
Dépôt légal: 3ᵉ trimestre 2005.
Deuxième impression 2ᵉ trimestre 2011.
Troisième impression 2ᵉ trimestre 2013.
Couverture faite par Damien Baslé, www.damienbasle.com
.Imprimé en France

Pour tout renseignement, et pour obtenir un catalogue de tous les livres et toutes les cassettes de Derek Prince disponibles, merci de contacter+

DEREK PRINCE MINISTRIES FRANCE
Route d'Oupia, B.P.31, 34210 Olonzac FRANCE
tél. (33) 04 68 91 38 72 fax (33) 04 68 91 38 63
E-mail info@derekprince.fr * www.derekrpince.fr

BUREAUX DE DEREK PRINCE MINISTRIES

Derek Prince Ministries International/USA
P.O. Box 19501
Charlotte, NC 28219-9501 Etats-Unis
tél. (1)-704-357-3556
fax (1)-704-357-3502

Derek Prince Ministries Angleterre
Kingsfield
Hadrian way
Baldock SG7 6AN Angleterre
tél. (44)-1462-492100
fax (44)-1462-492102

Derek Prince Ministries Afrique du Sud
P.O. Box 33367
Glenstantia 0010 Pretoria
Afrique du Sud
tél. (27)-12-348-9537
fax (27)-12-348-9538

Derek Prince Ministries Australie
1st floor, 134 Pendle Way
Pendle Hill
New South Wales 2145
Australie
tél. (61)-2-9688-4488
fax (61)-2-9688-4848

Derek Prince Ministries Allemagne
Schwarzauer Str. 56
D-83308 Trostberg
Allemagne
tél. (49)-8621-64146
fax (49)-8621-64147

Derek Prince Ministries (IBL) – Suisse
Alpenblickstr. 8
CH-8934 Knonau
Suisse
Tél: (41) 44 768 25 06
Email: dpm-ch@ibl-dpm.net

Derek Prince Ministries Canada
P.O. Box 8354
Halifax N.S. Canada B3K 5M1
tél. (1)-902 443-9577
fax (1)-902 443-9577

Derek Prince Ministries
Pays-Bas/EE/CIS
Edisonstraat 103
7006 RB Doetinchem
Pays-Bas
tél: 0251-238771
info@derekprince.nl

Derek Prince Ministries
Pacific du Sud
224 Cashel Street
P.O. Box 2029
Christchurch 8000
Nouvelle Zélande
tél. (64)-3-366-4443
fax (64)-3-366-1569

Derek Prince Publ. Pte Ltd
Derek Prince Ministries
10 Jalan Besar
#14-00 (Unit 03) Sim Lim Tower
Singapore 208787
République de Singapour
tél. (65)-392-1812
fax (65)-392-1823

DPM – NORVEGE
PB 129 – Loddefjord
5881 Bergen
NORVEGE
Tél: 47-5593-4322
Fax: 47-5593-4322
E-mail Sverre@derekprince.no

3

**"Votre langue a-t-elle besoin de guérison?"
➢ *Tôt ou tard, chaque chrétien est confronté au besoin impératif de contrôler sa langue, mais il n'y parvient pas. Derek Prince apporte au lecteur l'enseignement biblique et les étapes pratiques nécessaires pour discipliner la langue*

**"Façonner l'histoire par la prière et le jeûne"
➢ *Par ce livre Derek Prince donne des exemples aussi bien de l'histoire que de sa propre expérience, comme la combinaison puissante du jeûne et de la prière peut effectuer parfois un changement du cours de l'histoire pour une nation tout entière.*

**"Dieu est un Faiseur de mariages"
➢ *Comment se préparer au mariage? Quel est le plan de Dieu pour le mariage? Qu'est-ce que la Bible dit sur le divorce? Est-ce que la Bible permet de se remarier? Dans quelles conditions? Vous trouverez des réponses claires et bibliques à ces questions si pressantes, à partir d'une expérience personnelle et de plus de cinquante ans de ministère.*

**"Le plan de Dieu pour votre argent"
➢ *Dieu a un plan pour tous les aspects de votre vie, y compris celui de vos finances. Dans ce livre, Derek Prince révèle comment gérer votre argent pour que vous puissiez vivre sous la bénédiction de Dieu et dans l'abondance qu'il a voulues et entendues pour vous.*

Et autres (septembre 2005 76 titres disponibles).
Ecrivez à notre adresse pour recevoir gratuitement un catalogue de tous les livres et de toutes les cassettes de Derek Prince, des lettres d'enseignement gratuites (France et DOM/TOM uniquement) et pour être tenu au courant de toutes les nouvelles éditions, et toute autre nouvelle de:

DEREK PRINCE MINISTRIES FRANCE
9, Route d'Oupia, B.P. 31, 34210 Olonzac FRANCE
tél. (33) 04 68 91 38 72 fax (33) 04 68 91 38 63
E-mail info@derekprince.fr * www.derekrpince.fr

SOMMAIRE

PREMIÈRE PARTIE

UN APPEL À LA PERFECTION

CHAPITRE UN

ALLONS VERS LA PERFECTION

Prière d'introduction au message

"Notre Père céleste, nous te remercions maintenant de ce que nous avons une pleine liberté, selon ta Parole que nous étudions, d'entrer dans la sainteté par le sang de Jésus par une voie nouvelle et vivante. Seigneur, le désir de notre cœur aujourd'hui est d'y entrer. Enlève tout ce qui pourrait nous en empêcher, tout ce qui pourrait nous distraire, toute peur, tout préjugé, tout doute, toute incrédulité, toute obstination, toute rébellion, tout orgueil. Purifie nos cœurs tout à nouveau maintenant, Seigneur, dans le sang précieux de Jésus; ranime et illumine nos cœurs et nos esprits. Que nous puissions recevoir avec douceur cette parole de Dieu qui peut sauver nos âmes. Seigneur, pour tout ce qui sera accompli aujourd'hui et dans cette série d'études, nous voulons être attentifs à te donner à toi, et à toi seul, la louange, l'honneur et la gloire qui te sont dus dans le nom de Jésus-Christ. Amen."

Introduction

Le thème de cette étude est "le chemin vers le saint des saint". Lisons pour commencer Hébreux 6:1-2:

"C'est pourquoi, laissant les éléments (ou les principes) de la parole de Christ, tendons à ce qui est parfait, sans poser de nouveau le fondement du renoncement aux œuvres mortes, de la foi en Dieu, de la doctrine des baptêmes, de

9

l'imposition des mains, de la résurrection des morts, et du jugement éternel."

Il y a deux aspects à l'enseignement de ces deux versets. Le premier est la nécessité de poser une doctrine saine et complète. Remarquez que l'auteur parle ici du fondement de la doctrine. Je suis sûr que nous sommes tous d'accord pour dire que, dans la mesure où cela nous concerne, il n'y a pas d'autre fondement que celui que Jésus-Christ a déjà posé. Nous parlons ici de la doctrine du fondement et l'Ecriture dit "le fondement". Cela ne laisse aucune place à la spéculation; elle affirme simplement que c'est là le fondement et spécifie six doctrines qui sont le renoncement aux œuvres mortes, la foi en Dieu, la doctrine des baptêmes, l'imposition des mains, la résurrection des morts et le jugement éternel.

En 1963, alors que me rendais pour la première fois aux Etats-Unis, Dieu m'a clairement montré qu'il y aurait une grande effusion du Saint-Esprit et que des multitudes de gens, toutes dénominations confondues, allaient être balayés par cette effusion. Je crois vraiment que, dans les années qui ont suivi 1963 jusqu'à maintenant[1], cela s'est réalisé et se réalise encore de façon extraordinaire. Dieu m'a clairement montré à ce moment-là que beaucoup, et je dirais même la plupart, de ceux qui viendraient de ces milieux n'auraient pas de connaissance solide de la doctrine chrétienne de fond, et que souvent ils n'auraient même pas de lieu pour recevoir cet enseignement. Dans de nombreux cas, le pasteur de leur église ne serait pas d'accord avec ce que Dieu fait; même s'il y adhérait, il ne serait pas équipé pour leur donner ce fondement. Le Seigneur m'a mis à cœur de créer un programme de radio et de prêcher durant une année, à raison d'une fois par semaine, le sujet du fondement. J'ai donc préparé cinquante-deux messages, un pour chaque semaine de l'année, que j'écrivais et enregistrais ensuite sur une bande.

---

[1] N.d.é.: Ce message a été donné en 1972

Lorsque je considère le travail accompli, je ne peux que m'émerveiller d'avoir réussi à le faire. Je n'avais pas de lieu fixe de résidence, je voyageais tout le temps, vivant la valise à la main dans un motel ou ailleurs. Comment ai-je réussi à écrire ces messages, à les enregistrer et à les envoyer à temps à la station de radio? C'est une chose que je ne pourrais pas refaire aujourd'hui.

De ces enregistrements sont issus les livres "La série des fondements de la foi"; ils traitent précisément de ces six doctrines. Je suis heureux qu'ils soient disponibles et, bien que j'en sois l'auteur, je vous les recommande! Ces ouvrages contiennent précisément "le fondement de la doctrine". L'expérience m'a montré que ceux ayant consciencieusement et systématiquement étudié ces livres avaient acquis un fondement solide. J'ai reçu des lettres de pasteurs d'églises et de nombreux croyants qui en ont fait l'expérience.

Je ne le dis pas pour promouvoir mes écrits, mais pour proclamer la fidélité de Dieu. Durant les six derniers mois, Dieu a commencé à me mettre à l'esprit cette pensée: "Tu as parlé du fondement, mais qu'en est-il de ce que l'auteur de l'épître aux Hébreux dit dans la seconde partie: "Tendons vers la perfection."?" C'est ce dont nous allons parler ici.

Cherchons à tendre vers la perfection. Malheureusement, le mot "perfection" sonne très mal aux oreilles de beaucoup de chrétiens, parce qu'ils se sont heurtés à une doctrine de perfection sans péché, impossible à atteindre. Ceux proclamant l'avoir atteinte montrent par leur vie, dans la plupart des cas, qu'il n'en est rien. Le résultat de cette hypocrisie ou de ce double modèle est que la plupart ont abandonné la poursuite de la perfection.

J'aimerais vous donner trois autres traductions de ce mot; je crois qu'elles vous permettront de le rendre plus parlant. Il s'agit de "maturité", d'"accomplissement" ou d'"achèvement". Le mot traduit par "perfection" vient du terme grec qui signifie "fin". Cela suggère donc un but vers lequel nous tendons. Je pense que vous serez d'accord de dire qu'il est souhaitable d'avoir un objectif spirituel, de connaître le but vers lequel nous tendons. Ce dernier est la maturité, l'accomplissement. Je suis persuadé que le mot "accomplissement" sonne bien à vos oreilles. Tout le monde veut de l'accomplissement. C'est un accomplissement spirituel, et c'est ce vers quoi nous tendons.

En tant que prédicateur, Dieu m'a donné une certaine capacité, sans être trop émotionnel, de toucher les gens. Si je prêche sur un sujet, je peux les faire venir devant et leur faire faire quelque chose devant l'auditoire. Mon problème est de savoir ce que je vais les amener à faire. Il y a environ dix ans que j'ai abandonné ces appels émotionnels sur le devant de l'estrade, car je sais que les gens vont y répondre. Je sais qu'ils vont venir devant, qu'ils vont un peu sangloter, verser quelques larmes, un peu prier. Dans la plupart des cas, ils quittent l'église sans aucun objectif. Ils se sont levés sans avoir aucune idée ce qu'ils allaient faire. Je ne crois pas qu'il y ait quelque chose de plus frustrant que de sentir qu'il faut aller quelque part de toute urgence sans savoir où. Alors j'ai décidé que j'allais montrer aux gens où ils devaient aller et comment y parvenir. J'allais maintenant être très attentif de les pousser à aller dans la bonne direction.

Je crois que Dieu a ouvert mes yeux dans la mesure où je suis capable de vous dire où il veut que vous alliez. D'une certaine façon, je peux vous dire comment y parvenir. C'est le but de cette étude. Le chemin de la perfection est celui vers le saint des saints. C'est notre destination, notre objectif, la place que Dieu veut nous voir atteindre en Christ. Vous pouvez l'appeler le chemin vers le saint des saints, le chemin vers la perfection, le chemin vers la maturité, le chemin vers l'accomplissement ou le chemin vers l'achèvement, peu importe.

J'aimerais encore clarifier une chose, celle que, en tant que chrétien, vous n'avez que deux options: avancer ou reculer. Il n'y a pas d'autre possibilité. Des millions de chrétiens nés de nouveau sont trompés à ce sujet. Ils croient qu'ils peuvent rester dans un état stationnaire et y demeurer jusqu'à leur mort ou jusqu'au retour de Jésus. Cela s'appelle "être sauvé". "J'ai été sauvé le mercredi 25 novembre 1964. Maintenant je suis sauvé." Ce genre de langage démontre une façon totalement inappropriée de ce qu'est le salut. Le salut n'est pas un état statique dans lequel vous entrez et demeurez sans bouger, il est un processus, une façon de vivre. Cela implique la croissance, le développement, le mouvement. S'il n'y a ni croissance, ni développement, ni mouvement dans votre vie spirituelle, je ne suis pas certain que vous ayez le droit de vous étiqueter comme "sauvé".

L'apôtre Paul a dit aux Athéniens à propos de Dieu: "En lui, nous avons la vie, le mouvement et l'être." Si vous ne bougez pas, je me demande si vous vivez. Tout ce qui est vivant bouge, tout ce qui ne bouge plus n'est pas vivant. Un chrétien ne bougeant pas n'est pas vivant. Lisons deux passages de l'Ecriture:

"Le sentier des justes est comme la lumière resplendissante, dont l'éclat va croissant jusqu'au milieu du jour." (Proverbe 4:18)

Quand vous lisez le mot "justes", vous pouvez le remplacer par "droits". Ce sont deux traductions possibles du même terme que nous retrouvons tant dans l'Ancien que dans le Nouveau Testament, en hébreu et en grec. La différence est que "juste" a une connotation légale, tandis que "droit" parle de la façon de vivre. Je préfère utiliser "droit" dans ce contexte. "Le sentier de l'homme droit est comme la lumière resplendissante, dont l'éclat va croissant jusqu'au milieu du jour." Remarquez que la droiture n'est pas un endroit, mais un sentier. Cela implique un mouvement, une progression. Quand vous marchez sur ce sentier de droiture, l'Ecriture affirme sans équivoque que la lumière sera chaque jour plus brillante sur votre chemin. Elle sera plus brillante que celle de la veille si vous marchez sur le chemin de la droiture. Si vous vivez aujourd'hui à la lumière d'hier, vous êtes un rétrograde. Hier vous étiez peut-être sur le bon chemin, aujourd'hui vous êtes un rétrograde. La lumière va continuer à être de plus en plus resplendissante jusqu'à atteindre son apogée, l'accomplissement, la perfection, ou toute autre chose que vous voulez voir dans ce passage.

Lisons à présent Hébreux 10:38-39. Je vais lui apporter quelques légers changements, parce qu'il n'est pas traduit correctement (selon le texte originel).

"Et le juste vivra par la foi; mais, s'il se retire, mon âme ne prend pas plaisir en lui. Nous, nous ne sommes pas de ceux qui se retirent pour se perdre, mais de ceux qui ont la foi pour sauver leur âme."

Le verset 38 cite les paroles que Dieu lui-même prononce dans Habacuc 2:4. Le texte grec dit réellement: "Celui qui est droit vivra par la foi; mais, s'il se retire, mon âme ne prend pas plaisir en lui." Ce n'est pas une traduction honnête que de suggérer que le sujet de la seconde moitié est différent de celui de la première. Il s'agit bien ici de "si celui qui est juste se retire, mon âme n'aura pas plaisir en lui". Il est possible d'être le juste du Dieu vivant par la foi et de se retirer. Quand vous le faites, Dieu dit: "Mon âme ne prend pas plaisir en celui qui se retire du chemin de la justice par la foi."

Puis l'auteur s'introduit dans le verset 39 et prend sa décision. Il s'identifie à un certain groupe. Il déclare: "Nous ne sommes pas de ceux qui se retirent pour se perdre, mais de ceux qui ont la foi pour sauver leur âme." Il n'y a que deux alternatives, soit celle de continuer à croire et d'avancer dans le salut de votre âme, soit celle de vous détourner de la voie de la justice par la foi, et la fin du retrait est clairement la perdition. C'est être perdu. Le mot "perdition" signifie simplement "être perdu". Ce sont les alternatives qui nous sont proposées dans l'Ecriture. En entrant dans la voie de la justice par la foi, nous pouvons soit continuer, soit nous en détourner. Dieu n'aura pas plaisir en celui qui se retire et nous devons prendre notre décision tout comme l'auteur de l'épître aux Hébreux a dû le faire. Nous ne sommes pas de ceux qui se retirent, mais de ceux qui avancent dans le plein salut de leur âme.

L'épître aux Hébreux contient cinq des avertissements les plus solennels de la Bible en ce qui concerne les dangers qui existent à faire demi-tour, à se détourner, à ne pas avancer sur le chemin de Dieu. Nous n'allons pas voir ces cinq passages en détail, parce que ce serait trop long et ce n'est pas ici notre propos. Si vous avez une Bible dans laquelle vous ne craignez pas d'écrire un peu, je vous propose de la prendre et de marquer les cinq parties de telle sorte que vous traitiez chacune d'entre elles comme une parenthèse. Si vous le faites, vous verrez que le fil conducteur de l'enseignement de cette lettre aux Hébreux coule beaucoup plus facilement si vous sautez la parenthèse. Chacune d'entre elles est une parenthèse.

Je vais vous donner un exemple. Si vous arrivez à la fin de la deuxième parenthèse qui est Hébreux 4:13, le verset suivant est Hébreux 4:14: "Ainsi, puisque nous avons un grand souverain sacrificateur qui a traversé les cieux…" Cette partie se termine par Hébreux 5:10: "Dieu l'ayant déclaré souverain sacrificateur selon l'ordre de Melchisédek." De Hébreux 5:11 à 6:20, c'est une parenthèse. Si vous les laissez de côté, qu'obtenez-vous? Vous avez le thème du grand prêtre. "En effet, ce Melchisédek, roi de Salem, sacrificateur du Dieu très haut…"

En mettant de côté les parenthèses, vous allez de Hébreux 4:14: "Ainsi, puisque nous avons un grand souverain sacrificateur…" à Hébreux 5:10: "Dieu l'ayant déclaré souverain sacrificateur selon l'ordre de Melchisédek", à Hébreux 7:1: "En effet, ce Melchisédek…"

La boucle est bouclée quand vous laissez de côté les parenthèses. Je ne dis pas qu'elles ne sont pas importantes mais, si vous voulez comprendre le fil de l'argumentation de l'épître aux Hébreux, lisez le tout en entier et en une fois en enlevant ces cinq parenthèses qui sont toutes des avertissements adressés aux chrétiens sur les dangers de ne pas marcher avec Dieu.

Souvenez-vous que ces gens pour lesquels cette épître a été écrite étaient des chrétiens baptisés de l'Esprit. Cette lettre n'a pas été rédigée pour les gens du monde, car ils n'en comprendraient pas un seul mot. Elle est exclusivement écrite pour des croyants ayant une bonne connaissance de l'Ecriture, une connaissance précise de Jésus-Christ et de l'œuvre du Saint-Esprit. Ne mettez pas ces avertissements de côté et ne pensez pas qu'ils ne vous concernent pas. Ils sont pour vous et pour moi.

Je sais qu'il existe beaucoup de débats théologiques sur la question de la sécurité. Je ne veux pas entrer dans ces considérations, parce qu'alors les gens se divisent en deux groupes, les pour et les contre. Je crois en la sécurité, mais pas si nous nous jouons des avertissements de Dieu. Si vous les prenez au sérieux, vous êtes en sécurité. Si vous les ignorez et que vous les rejetez, vous ne pouvez pas être en sécurité. Je vous presse donc d'étudier personnellement ces avertissements et de prendre chaque mot comme s'il s'adressait à vous. Je les lis personnellement comme s'ils s'adressaient à moi.

Voyons rapidement ces cinq avertissements. Le premier se trouve dans Hébreux 2:1-4 et le sujet clé concerne la négligence et le laisser-aller. Cela est résumé dans la première partie du verset:

"Comment échapperons-nous si nous négligeons un si grand salut..." (verset 3a)

Encore une fois, cela ne s'adresse pas à des inconvertis; lisez ce passage pour vous-même. Cela vous parle: "Comment échapperai-je si je néglige un si grand salut?"

L'avertissement suivant commence par Hébreux 3:7 et se poursuit jusqu'à Hébreux 4:13. C'est un long avertissement. Son propos est la dureté de cœur et l'incrédulité, ou l'endurcissement de votre cœur par l'incrédulité. Le thème de l'avertissement est que Dieu a traité Israël dans l'Ancien Testament selon sa grâce souveraine; il a sauvé son peuple de l'Egypte à travers le sang de l'agneau pascal, et il l'a fait passer par le double baptême dans la nuée et dans la mer. Les Israélites ont tous expérimenté un genre de salut, de baptême dans l'Esprit et de baptême dans l'eau; pourtant les corps de beaucoup d'entre eux sont tombés dans le désert. Ils ne sont jamais entrés dans le repos promis par Dieu, parce qu'ils ont endurci leur cœur par l'incrédulité. Nous sommes avertis de ne pas faire la même chose.

Lisons deux versets comme une exhortation pour soi. Voici l'introduction à l'avertissement:

"C'est pourquoi, selon ce que dit le Saint-Esprit: Aujourd'hui, si vous entendez sa voix, n'endurcissez pas votre cœur." (Hébreux 3:7-8a)

C'est une décision. Voulez-vous entendre la voix du Saint-Esprit vous parler aujourd'hui? Si vous ne l'entendez pas, le résultat sera un endurcissement de votre cœur jusqu'à ce que vous parveniez à un endroit dans lequel vous ne pouvez plus l'entendre.

"Craignons donc, tant que la promesse d'entrer dans son repos subsiste encore, qu'aucun de vous ne paraisse être venu trop tard." (Hébreux 4:1)

Avez-vous pris la décision de craindre? Ayons de la crainte. Le livre des Proverbes dit: "Heureux celui qui est continuellement dans la crainte." Dans 1 Pierre 1:17-18 il est dit: "… conduisez-vous avec crainte pendant le temps de votre pèlerinage…" Il y a de la place pour la crainte dans la vie chrétienne. Nous y reviendrons plus tard, quand nous étudierons le lieu saint. Il existe une crainte sainte qui subsiste à jamais. Quel genre de crainte est-ce? C'est celle de l'Eternel. Et c'est une décision! Le Proverbe 1:29b dit: "Ils n'ont pas choisi la crainte de l'Eternel." Soit vous la choisissez, soit vous ne la choisissez pas. Quand vous dites: "Craignons", vous faites un choix. Vous dites que vous choisissez la crainte de l'Eternel.

Si vous prenez le temps d'étudier le thème de la crainte de l'Eternel et de lire les passages s'y rapportant, vous verrez qu'il n'y a pas de plus grandes et de plus merveilleuses bénédictions que celles qui s'attachent à la crainte de l'Eternel. Si vous ne la choisissez pas, vous êtes stupide.

Poursuivons avec Hébreux 4:11. Nous avons déjà vu "craignons", voyons maintenant "efforçons-nous". Le mot "efforcer" indique un dur labeur.

"Efforçons-nous donc d'entrer dans ce repos, afin que personne ne tombe en donnant le même exemple de désobéissance." (Hébreux 4:11)

Il est évident que les mêmes personnes qui sont appelées à travailler peuvent tomber.

Le troisième avertissement se trouve dans Hébreux 5:11 à 6:20. On nous met en garde ici contre l'indolence. En français, le mot serait "paresse". Je crois que l'Eglise catholique romaine la cite parmi les sept péchés capitaux. Si ce n'est pas le cas, elle devrait! C'est indubitablement un péché mortel. Vous trouvez plus d'avertissements dans la Bible contre la paresse que contre l'ivrognerie. Je ne défends pas l'ivrognerie, mais je crois que la paresse vous fera à long terme plus de mal. Lisons l'avertissement dans Hébreux 5:11:

"Nous avons beaucoup à dire là-dessus, et des choses difficiles à expliquer, parce que vous êtes devenus lents à comprendre."

Ils ont perdu leur capacité d'écoute, ils sont devenus paresseux, ils ne lisent plus l'Ecriture pour eux-mêmes, ils ne font plus vraiment l'effort de trouver la révélation de Dieu dans sa Parole.

Nous en arrivons aux avertissements les plus solennels de l'Ecriture dans le sixième chapitre, qui est bien sûr controversé. Je crois que le diable fait naître la controverse sur certains passages, parce qu'il ne veut pas que les gens les lisent et les comprennent.

"Lorsqu'une terre est abreuvée par la pluie qui tombe souvent sur elle, et qu'elle produit une herbe utile à ceux pour qui elle est cultivée, elle participe à la bénédiction de Dieu; mais, si elle produit des épines et des chardons, elle est réprouvée et près d'être maudite, et on finit par y mettre le feu." (Hébreux 6:7-8)

La terre représente nos cœurs et nos vies. C'est indubitable si nous étudions le contexte. Nous recevons tous la pluie du Saint-Esprit, qui fera pousser deux sortes de choses: des récoltes et des mauvaises herbes. Cela dépend simplement de ce qui est planté dans notre cœur: de bonnes semences sans mauvaises herbes ou des épines et des mauvaises herbes. Si vous avez des récoltes et des épines, Jésus dit clairement que ces dernières jailliront plus vite et étoufferont la récolte.

Les gens disent parfois: "Seigneur, déverse ton Esprit." Je crois que ce n'est pas toujours la prière appropriée. "Seigneur, envoie la pluie." Que va faire la pluie qui tombe sur votre vie? Si elle ne tombe que sur des épines et des mauvaises herbes, il vaut mieux qu'il ne pleuve pas. Dans Jérémie, Dieu dit: "Laboure ta terre en jachère et ne sème pas au milieu des épines." L'auteur de l'épître aux Hébreux dit: "Vous aurez la pluie, mais souvenez-vous que vous devez produire du bon fruit." Si vous le faites, vous serez béni. Si vous ne le faites pas, vous serez rejeté.

Lisons Hébreux 6:1a. C'est encore une fois une décision impérative et je vous invite à la prendre avec moi:

"C'est pourquoi, laissant les éléments de la parole de Christ, tendons vers ce qui est parfait..."

Si vous voulez prendre cette décision devant Dieu, lisez encore une fois ces paroles avec moi:

"C'est pourquoi, laissant les éléments de la parole de Christ, tendons vers ce qui est parfait..."

Arrêtons-nous là, sinon nous entrons dans un long passage. Tendons à la perfection. Pourquoi sommes-nous faits? Quelle est notre destination? C'est la perfection, la maturité, l'achèvement, l'accomplissement. Cela ne vous fait-il pas vous sentir bien?

Continuons avec le quatrième avertissement, qui traite de la désobéissance volontaire et délibérée:

"Car, si nous péchons volontairement après avoir reçu la connaissance de la vérité..." (Hébreux 10:26a)

Dans un livre, Andrew Murray explique brièvement ce qu'est pécher volontairement. Il dit que c'est difficile à dire et que la seule façon d'être en sécurité est de se souvenir que, si nous ne péchons pas du tout, nous ne pécherons pas volontairement. Ne vous contentez pas du minimum en disant: "Seigneur, je sais que je pèche, mais ce n'est pas volontaire." Comment le savez-vous? J'ai vu tant de chrétiens demander à Dieu quel était le minimum pour entrer au ciel. Je crois que, si vous avez ce genre d'attitude, vous n'irez pas au ciel. Je dis ceci: "Celui qui met le ciel en deuxième position ne le verra jamais."

"Car, si nous péchons volontairement après avoir reçu la connaissance de la vérité, il ne reste plus de sacrifice pour les péchés..." (Hébreux 10:26)

Les deux versets suivants renversent la pensée du chrétien moyen:

"Celui qui a violé la loi de Moïse meurt sans miséricorde, sur la déposition de deux ou de trois témoins; de quel pire châtiment pensez-vous que sera jugé digne celui qui aura foulé aux pieds le Fils de Dieu..." (versets 28-29a)

Beaucoup de chrétiens disent: "Sous la loi de Moïse, je ne pouvais pas y échapper, mais sous la grâce, je peux." Autrement dit, Dieu n'attend pas autant de nous sous la grâce qu'il en attendait de ceux qui étaient sous la loi. C'est exactement l'inverse. Dieu attend plus de nous qui sommes sous la grâce que de ceux qui étaient sous la loi. Jésus a dit à ses disciples: "Car je vous le dis, si votre justice ne surpasse pas celle des scribes et des pharisiens, vous n'entrerez pas dans le royaume des cieux." (Matthieu 5:20) Parce que nous avons une meilleure alliance établie sur de meilleures promesses, Dieu attend plus de nous. Comment pourrait-il en être autrement? Si le châtiment de ceux qui ont rejeté la moins bonne alliance était sévère, combien plus sévère sera le châtiment de ceux qui ont rejeté la meilleure alliance. C'est logique et incontestable!

Lisons le dernier verset d'Hébreux 10. Une dame est venue me voir après une prédication et m'a dit: "Frère Prince, vous m'avez effrayée." J'ai répondu: "Madame, je pense que vous aviez besoin d'être terrifiée." Je crois que cinquante pour cent des charismatiques ont besoin d'avoir une peur bleue. Ce n'est que mon opinion personnelle.

"Nous, nous ne sommes pas de ceux qui se retirent pour se perdre, mais de ceux qui ont la foi pour sauver leur âme." (verset 39)

Vous avez le droit de dire: "Loué soit Dieu!" une fois que vous avez pris votre décision.

Lisons le dernier avertissement qui se trouve dans Hébreux 12:15-29. Il nous met en garde contre le fait de passer à côté de la grâce de Dieu. L'exemple est celui d'Esaü qui, pour un morceau de pain et un plat de lentilles, a méprisé son droit d'aînesse. Quand il a ensuite voulu hériter des bénédictions, il n'a pas pu. Sans entrer dans les détails, lisons simplement les deux derniers versets:

"C'est pourquoi, recevant un royaume inébranlable, montrons notre reconnaissance en rendant à Dieu un culte qui lui soit agréable, avec piété et avec crainte, car notre Dieu est aussi un feu dévorant." (Hébreux 12:28-29)

C'est suffisant pour l'introduction! Abordons à présent le thème qui nous préoccupe.

Le chemin menant à la perfection

Avant d'entrer dans les détails, il est nécessaire d'établir certains principes de fond de la façon dont Dieu enseigne à travers le tabernacle.

"Mais, comme il est écrit, ce sont des choses que l'œil n'a point vues, que l'oreille n'a point entendues, et qui ne sont point montées au cœur de l'homme, des choses que Dieu a préparées pour ceux qui l'aiment." (1 Corinthiens 2:9-13)
Ce que Dieu veut nous révéler ne peut pas être reçu par nos sens, par la raison ou par l'imagination de l'homme naturel. Ces manières de connaître la vérité sont à éliminer. Paul nous conduit dans les voies de Dieu par lesquelles nous pouvons connaître la vérité.

"Dieu nous les a révélées par l'Esprit. Car l'Esprit sonde tout, même les profondeurs de Dieu. Lequel des hommes, en effet, connaît les choses de l'homme, si ce n'est l'esprit de l'homme qui est en lui? De même, personne ne connaît les choses de Dieu, si ce n'est l'Esprit de Dieu." (versets 10-11)

Le seul connaissant les choses de Dieu est l'Esprit de Dieu. Si nous voulons connaître les choses de Dieu, nous devons les recevoir de son Esprit.

"Or nous, nous n'avons pas reçu l'esprit du monde, mais l'Esprit qui vient de Dieu, afin que nous connaissions les choses que Dieu nous a données par sa grâce." (verset 12)

Pourquoi avons-nous reçu le Saint-Esprit? Pour connaître ce que Dieu nous a déjà donné. De son côté, Dieu nous l'a déjà donné mais, si nous ne le savons pas, nous ne pouvons pas y entrer. Le Saint-Esprit est celui qui nous le révèle.

"Et nous en parlons non avec des discours qu'enseigne la sagesse humaine, mais avec ceux qu'enseigne le Saint-Esprit, employant un langage spirituel pour les choses spirituelles." (verset 13)

Nous pourrions mieux traduire par "interpréter les choses spirituelles par les choses spirituelles". Nous sommes non seulement dépendants du Saint-Esprit pour la révélation de Dieu, mais, si nous devons recevoir la révélation, nous devons utiliser le bon langage, qui n'est ni celui de la sagesse humaine, ni celui de la philosophie, ni celui de la psychologie, ni celui de la psychiatrie, ni celui de la théologie. Ce langage nous est donné dans la parole de Dieu; nous devons nous conformer au langage de l'Ecriture, au concept, aux modes d'expression, aux exemples et aux illustrations qui nous sont donnés par le Saint-Esprit. C'est la seule façon d'exprimer une vérité spirituelle. Quand j'entends des gens employer un jargon philosophique ou psychologique pour prêcher la vérité de la Bible, je sais qu'ils ne sont pas sur le bon chemin. Quand vous entendez quelqu'un qui ne peut que vous parler du subconscient, soyez vigilant. Le meilleur exemple dans toute la Bible du Saint-Esprit qui donne des modèles, du langage et de la terminologie est probablement celui du tabernacle. Je ne crois pas qu'il existe un équivalent dans la Bible. En nous tournant vers le tabernacle pour la vérité divine, nous nous tournons vers les mots, les modèles, l'exemple mis en avant par le Saint-Esprit dans l'Ecriture, et nous pouvons faire confiance au Saint-Esprit pour nous donner une révélation parce que nous allons dans son sens.

C'est pourquoi étudions le tabernacle pour trouver cette vérité, parce que c'est ce qu'a mis le Saint-Esprit dans l'Ecriture pour nous l'enseigner. Lisons Hébreux 8:5 et 9:23. Ces versets établissent le fait que le tabernacle est un moyen de révélation de vérité spirituelle.

"S'il était sur la terre, il ne serait pas même sacrificateur, puisque là sont ceux qui présentent les offrandes selon la loi (lesquels célèbrent un culte, image et ombre des choses célestes, selon que Moïse en fut divinement averti lorsqu'il allait construire le tabernacle: Aie soin, lui fut-il dit, de faire tout d'après le modèle qui t'a été montré sur la montagne)." (Hébreux 8:4-5)

Quand Moïse a érigé le tabernacle sur la terre, il l'a fait selon le modèle divin qui lui avait été montré sur la montagne. Cet original est céleste. Le tabernacle est une réplique terrestre de quelque chose qui est réel, éternel, qui n'est pas fait de main d'homme et qui se trouve dans les cieux. Si vous lisez le verset 5, vous avez les trois mots que nous allons étudier: exemple, ombre et modèle. Nous avons dans le tabernacle un exemple, une ombre et un modèle des choses célestes.

Lisons également Hébreux 9:23-24. Encore une fois, pour le démontrer nous prenons des modèles de choses célestes qui nous sont données par Dieu.

"Il était donc nécessaire, puisque les images des choses qui sont dans les cieux devaient être purifiées de cette manière (par le sang des taureaux et des boucs, etc.), que les choses célestes elles-mêmes le fussent par des sacrifices plus excellents que ceux-là. Car Christ n'est pas entré dans un sanctuaire fait de main d'homme, en imitation (ou comme modèle) du véritable, mais il est entré dans le ciel même, afin de comparaître maintenant pour nous devant la face de Dieu."

Il est clair que le lieu saint du saint des saints dans le tabernacle de Moïse est un modèle de choses éternelles, lesquelles ne sont pas faites de main d'homme et se trouvent dans les cieux. Jésus n'est pas entré dans ce tabernacle comme grand prêtre, mais il est entré dans le véritable tabernacle de Dieu dans les cieux dont il est un modèle. C'est, je crois, le modèle ordonné par Dieu de ces vérités et réalités spirituelles. C'est pourquoi nous étudions le tabernacle. Il est la référence des leçons que le Saint-Esprit nous a données pour étudier les choses invisibles, éternelles et célestes.

En le gardant présent à l'esprit, lisons deux passages que nous mettrons côte à côte:
"… et dans la seconde (le saint des saints) le souverain sacrificateur seul entre une fois par an, non pas sans y porter du sang qu'il offre pour lui-même et pour les péchés du peuple. Le Saint-Esprit montrait par là…" (Hébreux 9:7-8)

Le Saint-Esprit enseignait à travers cela. Nous avons une autorité biblique absolue pour cette forme d'enseignement.

"Le Saint-Esprit montrait par là que le chemin du lieu très saint n'était pas encore ouvert, tant que le premier tabernacle subsistait." (verset 8)

Il y a donc un chemin vers le saint des saint. Le tabernacle nous donne un modèle sans nous donner un réel accès au saint des saints. Il n'avait pas encore été ouvert sous l'alliance mosaïque.

Lisons maintenant Hébreux 10:19; il s'intègre dans le contexte de ce que nous venons de lire:

"Ainsi donc, frères, puisque nous avons, au moyen du sang de Jésus, une libre entrée dans le sanctuaire..."

Ce qu'ils n'avaient pas sous l'alliance de Moïse, nous l'avons sous la nouvelle alliance en Jésus-Christ. Nous avons une libre entrée dans le sanctuaire. Etudions bibliquement la façon d'y entrer en nous appuyant sur les genres, les modèles et les ombres du tabernacle.

En fait, le tabernacle de Moïse est soit un passage ennuyeux que vous lisez le plus vite possible par sens du devoir, soit la chose la plus fascinante dans laquelle vous pouvez entrer. Je peux me faire une idée de votre spiritualité en sachant à laquelle des deux catégories vous appartenez. Je le dis par expérience personnelle. Je suis chrétien depuis plus de trente ans et, pendant ces années, j'ai continuellement cherché à servir le Seigneur. Je n'ai jamais été rétrograde et je lui en rends toute la gloire. J'ai toujours réalisé que Dieu est saint et qu'il demande la sainteté à son peuple. Rien dans toute mon expérience ne m'a jamais fait autant comprendre le sens de la sainteté de Dieu que l'étude du tabernacle. C'est la première fois qu'elle a vraiment commencé à signifier quelque chose pour moi et à être liée à ma vie de tous les jours. Je crois et je prie qu'il en soit de même pour vous. La Bible parle de la beauté de la sainteté; quand vos yeux s'ouvrent, vous voyez qu'il n'y a rien de plus beau qu'elle. C'est l'apogée de la beauté spirituelle.

CHAPITRE DEUX

LE SYMBOLISME DU TABERNACLE

Prière d'introduction au message

"Père, nous te remercions encore une fois des bénédictions indicibles et des privilèges qui sont les nôtres en Christ. Nous te remercions de la vérité de ta Parole qui va de l'avant et nous reconnaissons humblement notre dépendance de toi. Seigneur, nous savons que, sans toi, nous ne pouvons rien faire. Nous dépendons de ton Saint-Esprit, guide, enseignant et consolateur que tu nous as envoyé. Nous nous soumettons à toi. Nous t'ouvrons nos cœurs et nos esprits dans le nom et par le sang de Jésus. Que nous puissions recevoir ta parole et être gardés de toute erreur. Nous prions que nous puissions recevoir ta parole qui va nous faire du bien et accomplir tes desseins dans chacune de nos vies. Pour ta gloire, dans le nom de Jésus. Amen."

Le symbolisme du tabernacle

La faiblesse d'un grand nombre de groupes évangéliques et fondamentalistes est qu'ils ont posé dimanche après dimanche, année après année, le fondement de la repentance aux œuvres mortes et de la foi en Dieu. Si vous ne dépassez pas les fondations, vous n'aurez jamais un immeuble entier. La Bible dit que nous devons avoir le fondement, qu'il doit être bien posé, puis que nous devons aller vers la perfection, l'achèvement, l'accomplissement et la maturité. Essayons maintenant de suivre cette exhortation et entrons dans la maturité.

Je crois que les mêmes épîtres qui nous donnent l'exhortation nous montrent la voie. La voie vers la perfection, la maturité, l'achèvement ou l'accomplissement est celle du saint des saints qui est décrite dans la lettre aux Hébreux comme dans aucun autre passage du Nouveau Testament.

Parlons un instant du tabernacle, de son modèle tripartite. "Tripartite" signifie "trois en un". Le tabernacle était une structure tripartite qui comprenait trois zones: le parvis, le lieu saint et le saint des saints. Il y avait une seule structure pour ces trois parties distinctes. Cela symbolise des choses différentes, cela dépeint la nature de Dieu, la nature du ciel. Vous devez vous rappeler qu'il y a trois sortes de ciel. Paul connaissait un homme enlevé au troisième ciel. Cela décrit la nature de l'homme, le modèle de l'Eglise et beaucoup d'autres choses.

Voyons comment cela dépeint la nature de l'homme; nous pourrons ainsi relier l'enseignement sur la sainteté à notre nature. Pour montrer que l'homme est tripartite, trois en un comme le tabernacle, lisons un passage essentiel de l'Ecriture:

"Que le Dieu de paix vous sanctifie lui-même tout entiers…" (1 Thessaloniciens 5:23a)

"Sanctifier" signifie "rendre saint". Paul prie que le Dieu de paix rende ces chrétiens complètement saints. Le mot "entier" le conduit à la partie suivante du verset:

"… et que tout votre être, l'esprit, l'âme et le corps soit conservé irrépréhensible lors de l'avènement de notre Seigneur Jésus-Christ!" (verset 23b)

Quand Paul dit "complètement" ou "entièrement", cela l'amène à parler des trois domaines de la personnalité qui font de nous des êtres humains complets: l'esprit, l'âme et le corps. Bien entendu, cela correspond aux trois zones principales du tabernacle: le saint des saint est l'esprit, le lieu saint est l'âme, et le parvis est le corps. La seule différence réelle entre ces trois parties du tabernacle est le genre de lumière de chacune. Dans le parvis, nous avons la lumière naturelle, celle du soleil le jour et celle de la lune et les étoiles la nuit. Quand nous pénétrons dans le tabernacle, peu ou pas de lumière du dehors ne pouvait filtrer (c'était une structure très massive). C'est un fait remarquable. Il avait quatre protections successives, il n'y avait pas de lumière naturelle. La seule source de lumière provenait du chandelier d'or pur à sept branches rempli d'huile d'olive, dont l'huile allumée donnait de la lumière. Je l'ai assimilé à la vérité de l'Ecriture révélée à notre esprit par l'Esprit. L'huile, comme toujours, symbolise le Saint-Esprit.

Quand nous pénétrons dans le saint des saints, il n'y a même plus la lumière du chandelier; il fait sombre. Seule la présence même de Dieu qui est là l'illumine. C'est ce que j'appelle la "révélation directe de Dieu". Le terme "shekina" est un mot hébreu qui signifie "habiter". C'est la présence manifeste du Dieu tout-puissant au milieu de son peuple.

Ce qui est intéressant, à propos du tabernacle, c'est que le saint des saints était absolument géométriquement au centre du peuple de Dieu. Les Israélites devaient camper tout autour.

Voyons maintenant quelques faits intéressants sans toutefois nous y attarder trop longtemps. Nous avons un nombre intéressant qui est "sept". Il y avait sept meubles dans le tabernacle. Deux dans le parvis (nous le verrons en détail plus loin): le grand autel de bronze et la cuve d'airain. Trois étaient dans le lieu saint: la table des pains de proposition, le chandelier et l'autel d'or des parfums. Enfin, dans le saint des saints, il y en avait deux: l'arche, qui était une chaise, et le propitiatoire, qui couvrait l'arche. Ils sont indiqués comme un tout, mais il y a bien deux meubles: l'arche et le propitiatoire.

Cela représente les sept ministères de Jésus, que Dieu vient de me montrer ces dernières semaines. Nous allons les voir plus en détail. Dans le domaine du lieu saint, il y a les cinq ministères: apôtre, prophète, évangéliste, berger et docteur. Dans le saint des saints, il y a le double ministère de prêtre et de roi. C'est là que nous allons, c'est notre destination. Il y a également les sept vêtements du grand prêtre (voir Exode 29:5-6). Lisez-les dans l'ordre dans lequel on les mettait, et voici ce que cela donne:

1. La tunique. Ce n'était pas vraiment des vêtements, mais un sous-vêtement. C'est une mauvaise traduction.
2. La robe de l'éphod qui était bleue et sans couture, la robe céleste.
3. L'éphod, le vêtement spécial porté par le prêtre.
4. Le pectoral, qui se mettait sur l'éphod.
5. La ceinture de l'éphod qui était nouée autour du corps du prêtre.
6. La tiare (ou le turban) sur sa tête.
7. Le diadème de sainteté sur lequel était écrit "sainteté à l'Eternel" qui venait sur la tiare.

Ce sont-là les sept vêtements du grand prêtre sur lesquels on pourrait prêcher une semaine entière sans s'arrêter. Mais ce n'est pas là notre propos.

Pour en revenir au tabernacle, parlons à présent de la clôture extérieure. Tout l'édifice était entouré d'une clôture de cent coudées de long sur cinquante de large. Une coudée équivaut à environ quarante-cinq centimètres; elle faisait donc environ deux mètres vingt-cinq. Cette clôture extérieure était faite de pur lin blanc. Elle mesurait cinq coudées de haut, ce qui représente deux mètres vingt-cinq. Nous ne pouvions donc rien entrevoir. Si vous voulez savoir ce qu'il y a à l'intérieur, vous devez entrer. Nous ne pouvons pas regarder par-dessus la clôture. Beaucoup de gens veulent savoir ce que cela fait d'être sauvé avant de l'être, mais Dieu a fait la clôture trop haute pour que nous puissions regarder par-dessus. Vous devez vous engager et entrer, sinon vous ne saurez jamais ce qu'il y a à l'intérieur.

Dans l'Ecriture, le fin lin représente toujours la bonne manière de vivre. Apocalypse 19:7-8 l'illustre bien:

"Réjouissons-nous et soyons dans l'allégresse et donnons-lui gloire; car les noces de l'Agneau sont venues, et son épouse s'est préparée, et il lui a été donné de se revêtir d'un fin lin, éclatant, pur. Car le fin lin, ce sont les œuvres justes des saints."

A la place de "œuvres justes", le grec dit "justices" au pluriel. Ce n'est pas la justice imputée, mais celle manifestée en œuvres de justice. C'est la justice en action. Le fin lin est les actions justes des saints. C'est la bonne manière de vivre. Il y a une ligne de séparation entre le croyant et l'incroyant, qui est la manière dont vous vivez. Ce n'est pas l'église que vous fréquentez, ni la dénomination à laquelle vous appartenez, mais c'est la façon dont vous vivez qui vous sépare du monde sans Dieu. Il y a une ligne de séparation absolue. Nous ne pouvons pas nous asseoir sur cette clôture de lin, et être à moitié dedans et à moitié dehors.

"Néanmoins, le solide fondement de Dieu reste debout, avec ces paroles qui lui servent de sceau..." (2 Timothée 2:19)

Il y a un double sceau. Le premier est la connaissance que Dieu a de son peuple.

"... Le Seigneur connaît ceux qui lui appartiennent."

Le second est la façon dont nous vivons.

"Quiconque prononce le nom du Seigneur, qu'il s'éloigne de l'iniquité."

Si vous voulez vivre dans l'injustice, vous n'y entrez pas. Si vous voulez entrer, vous devez vous séparer de l'injustice. Nous ne pouvons pas avoir les deux. C'est la clôture de lin.

31

Il y a trois entrées successives. Chacune possède une sorte de rideau. A l'entrée du parvis, il y avait quatre pieux. A l'entrée du lieu saint, il y avait cinq pieux ou piliers. A l'entrée du saint des saints, il y en avait quatre.

Voyons rapidement la signification de ces trois entrées successives par lesquelles nous pouvons pénétrer dans le saint des saints en lisant un passage souvent cité et qui a une signification bien plus profonde que ce que nous imaginons:

"Jésus lui dit: Je suis le chemin, la vérité et la vie. Nul ne vient au Père que par moi." (Jean 14:6)

Chaque entrée est Jésus, mais Jésus sous trois aspects: le chemin, la vérité et la vie. Quand nous venons au Père, le chemin qui y mène est Jésus: le chemin, la vérité et la vie.

Voyons courtement les piliers et la signification de leur nombre. Le premier rideau a quatre piliers et je le relie aux quatre Evangiles qui sont la révélation historique de Jésus au jour de sa chair. Laissez-moi vous dire une chose, celle que le parvis représente la vérité sur Jésus au jour de sa chair qui peut être appréhendée par les moyens naturels. On pouvait voir et entendre Jésus au jour de sa chair avec ses yeux et ses oreilles naturels. Tout ce qui se trouve dans le parvis sont des aspects de la vérité qui peuvent être perçus par les sens naturels. Une fois que vous continuez dans l'intérieur, tout est révélation; il n'y a plus de connaissance sensorielle naturelle.

La porte vers la connaissance de Jésus au jour de sa chair est les Evangiles. Nous faisons souvent le rapprochement avec les quatre chérubins d'Ezéchiel:

"Au centre encore (qui est la gloire et la présence du Dieu tout-puissant), apparaissaient quatre animaux dont l'aspect avait une ressemblance humaine." (Ezéchiel 1:5)

Ce sont les mêmes créatures qui sont autour du trône de Dieu dans Apocalypse 4 et 5.

"Quant à la figure de leurs faces, ils avaient tous une face d'homme, tous quatre une face de lion à droite, tous quatre une face de bœuf à gauche, et tous quatre une face d'aigle." (verset 10)

Ils avaient donc quatre faces: homme, lion, bœuf et aigle. Relions-les aux quatre Evangiles, chacun présentant un aspect ou une face de Jésus. En les prenant dans l'ordre de la Bible, nous avons Matthieu qui présente Jésus en tant que roi, le lion, le roi des animaux. C'est le thème de l'Evangile de Matthieu. Puis Marc présente Jésus comme le serviteur, le bœuf. C'est très clair dans la généalogie. Il y a trois généalogies de Jésus dans trois Evangiles. Matthieu le relie à Abraham; il est l'accomplissement des promesses de Dieu envers Israël. Luc le relie à Adam; il est l'accomplissement des promesses de Dieu envers toute l'humanité. Jean le relie à Dieu. "Au commencement était la Parole, et la Parole était avec Dieu." C'est le seul héritier du Père.

Marc ne donne aucune généalogie. Savez-vous pourquoi? Parce qu'un serviteur n'avait pas besoin de généalogie. Marc le présente comme le serviteur. Le mot clé de l'Evangile de Marc est "tout de suite". Tout ce que Dieu demande à un serviteur, c'est une obéissance immédiate, "tout de suite". Il est le modèle parfait. Si vous lisez l'Evangile de Marc, vous verrez que malheureusement la version King James traduit le même mot grec par différents termes. Si vous pouviez voir le nombre de fois où les mots et expressions "tout de suite" "immédiatement", "sur-le-champ" sont employés, ce serait pour vous une révélation de ce que Dieu attend en matière d'obéissance. Jésus est le modèle parfait. Il est le bœuf, le serviteur.

En le méditant, j'ai pratiquement vu devant moi en esprit la face d'un bœuf. Cela peut vous faire sourire, mais j'ai vu une réelle beauté sur cette face. La patience, la douceur, la volonté pour accomplir son dur labeur, servir, et être utile aux hommes. Je n'ai jamais pensé qu'un bœuf pouvait être une belle créature, et Dieu m'a montré une réelle beauté en Jésus, le serviteur, le bœuf.

Nous avons ensuite Luc, le fils de l'homme, l'homme, l'être humain. L'Evangile de Luc présente Jésus dans son humanité belle et parfaite. "Voici l'homme." Le seul homme qui était ce que tout homme devrait être.

Jean, l'aigle, l'oiseau qui peut regarder le soleil en face et s'élever dans les airs plus haut que n'importe quelle créature, le Fils de Dieu.

C'est à travers ces quatre Evangiles que nous entrons dans la connaissance de Jésus au jour de sa chair.

Voyons maintenant l'entrée suivante. Le deuxième rideau est celui de Jésus la vérité. En lui, nous avons la vérité révélée. Nous sommes au-delà des jours de Jésus sur terre. Il a été crucifié, il est ressuscité. Vous ne connaîtrez cependant jamais Jésus ressuscité par la connaissance naturelle. Nous sommes dépendants de la révélation. Ceux qui ne la recevront pas ne pourront pas croire en la résurrection. C'est très clair. La plupart des théologiens échafaudent des théories à partir du parvis. En fait, je me demande s'ils sont seulement entrés dans le parvis quand je vois la façon dont ils vivent!

Nous n'allons pas nous étendre sur ce sujet, mais je crois que ces cinq pieux représentent les cinq ministères nécessaires pour entrer dans le lieu saint et vous façonner pour y aller. Ce sont les apôtres, les prophètes, les évangélistes, les pasteurs (autrement dit 'bergers') et les docteurs. La référence biblique est Ephésiens 4:8 et 11:

"C'est pourquoi il est dit: Etant monté en haut, il a emmené des captifs, et il a fait des dons aux hommes." (verset 8)

Cela se passe après sa mort, son ensevelissement, sa résurrection et son ascension. C'est dans cette zone.

"Et il a donné les uns comme apôtres, les autres comme prophètes, les autres comme évangélistes, les autres comme pasteurs et docteurs..." (verset 11)

Ce sont les ministères qui traitent du peuple de Dieu dans cette zone.

Il y a encore deux autres ministères qui attendent dans le saint des saints; nous les verrons plus tard.

Dans Exode 26:26-28, vous avez ce modèle des cinq ministères. Il s'agit des barres qui maintiennent les planches du tabernacle en place. Les planches étaient verticales, les barres horizontales. Il y avait cinq barres horizontales qui passaient horizontalement par les murs, afin de maintenir les planches jointes ensemble en une seule structure. L'une des barres faisait toute la longueur. Les quatre autres allaient par paire l'une au-dessus et l'autre en dessous. Ce sont les planches du tabernacle vertical. Au milieu il y a la barre centrale qui traverse tout. Viennent ensuite les barres supérieures et inférieures, chacune couvrant la moitié du mur. Au-dessus et au-dessous nous écrirons apôtres, prophètes, évangélistes bergers (ou pasteurs) et docteurs. L'apôtre, la barre du milieu, couvre tout le sol; il peut entrer et tout faire du sol au plafond. Les autres ministères doivent se compléter les uns les autres. C'est simplement une petite illustration, nous n'allons pas nous y attarder; je vous partage simplement que Dieu m'a montré que ce sont là les ministères liés au saint des saints.

Poursuivons avec le troisième rideau ou voile. La troisième entrée est Jésus, la vie. C'est entrer à travers le voile déchiré. Le voile doit être déchiré, comme l'affirme Hébreux 10:19-20.

"Ainsi donc, frères, puisque nous avons, au moyen du sang de Jésus, une libre entrée dans le sanctuaire par la route nouvelle et vivante qu'il a inaugurée pour nous au travers du voile, c'est-à-dire de sa chair..."

C'est donc la chair de Jésus déchirée sur la croix qui nous ouvre le chemin vers la véritable vie de Dieu. C'est par la mort que nous entrons dans la vie. C'est le paradoxe de toute l'Ecriture. C'est lorsque la chair de Jésus, son corps, a été déchirée à la croix que le voile s'est ouvert pour nous laisser pénétrer dans le saint des saints. Cela correspond à l'affirmation de Matthieu 27:50-51a, qui décrit la mort de Jésus sur la croix:

"Jésus poussa de nouveau un grand cri, et rendit l'esprit. Et voici, le voile du temple se déchira en deux, depuis le haut jusqu'en bas..."

Dans le temple d'Hérode, le voile qui séparait le lieu saint du saint des saints a été déchiré depuis le haut jusqu'en bas par une action souveraine et surnaturelle de Dieu qui démontrait ainsi que le chemin était ouvert vers le saint des saints par la chair déchirée de Jésus.

Je compare les quatre piliers aux quatre aspects de Christ. Lisons Colossiens 3:11:

"Il n'y a ici ni Grec, ni Juif, ni circoncis, ni incirconcis, ni barbare, ni Scythe, ni esclave, ni libre; mais Christ est tout et en tous."

Christ est tout et en tous. Toute différence, toute barrière, tout ce qui sépare est finalement ôté et Christ est tout en tous.

Pour voir les quatre piliers l'un après l'autre, lisons 1 Corinthiens 1:30:

"Or c'est par lui (Dieu) que vous êtes en Jésus-Christ…"

Ce n'est que par Jésus-Christ que tout cela est vrai. En dehors de lui, il n'y a pas d'acceptation, pas d'accès, rien.

"… lequel, par Dieu, a été fait pour nous sagesse, justice et sanctification et rédemption."

Les quatre piliers sont la sagesse, la justice, la sanctification (qui est la sainteté) et la rédemption. Quand vous en arrivez là, Christ est tout et en tous. C'est la marque d'une avancée spirituelle.

Les deux ministères de Jésus qui sont exercés dans le saint des saints sont, j'ose le dire, pratiquement inconnus du chrétien charismatique moyen, parce que peu d'entre eux sont allés au-delà de cette zone. Tant que nous n'allons pas au-delà du dernier voile, nous n'atteignons pas la réalité de ces deux derniers ministères de Jésus, qui sont le ministère de prêtre et celui de roi. Lisons Hébreux 6:19-20 jusqu'à 7:2 pour en avoir une image complète. Ne vous occupez pas de la coupure au niveau du chapitre:

"Cette espérance, nous la possédons comme une ancre de l'âme, sûre et solide; elle pénètre au-delà du voile (il s'agit du dernier voile), là où Jésus est entré pour nous..." (verset 19)

Cela ne vous transporte-t-il pas de joie? Moi, j'ai les oreilles qui tintent lorsque je lis cette phrase.

"... là où Jésus est entré pour nous comme précurseur, ayant été fait souverain sacrificateur pour toujours selon l'ordre de Melchisédek." (verset 20)

C'est là, au-delà du voile, que son ministère de grand prêtre prend toute sa signification.

"En effet, ce Melchisédek, roi de Salem, sacrificateur du Dieu très haut – qui alla au-devant d'Abraham lorsqu'il revenait de la défaite des rois, qui le bénit et à qui Abraham donna la dîme de tout –, qui est d'abord roi de justice, d'après la signification de son nom, ensuite roi de Salem, c'est-à-dire roi de paix." (versets 1-2)

Il allie les deux ministères de prêtre et de roi. Il est important de voir que, du temps de l'ancien tabernacle, ces deux ministères étaient séparés. Voici une grande vérité. Sous la loi de Moïse, la prêtrise appartenait à la tribu de Lévi, la royauté à celle de Juda. Il était formellement interdit à un roi d'offrir un sacrifice en tant que prêtre. Saül l'a fait et a perdu son royaume. Il était absolument établi qu'il existait une séparation. Quand Jésus est venu, il est venu en tant que prêtre selon l'ordre de Melchisédek et il combinait la prêtrise et la royauté. Cela se déroule à l'intérieur du voile, et ne peut devenir réalité ou être vécu tant que nous restons à l'extérieur du voile.

Il existe un merveilleux passage dans Zacharie 6:12-13 qui le présente plus clairement que nulle part ailleurs dans l'Ecriture. C'est un style prophétique de l'Ancien Testament que nous ne pouvons pas voir en détail, mais nous allons en extraire la vérité:

"Tu lui diras: Ainsi parle l'Eternel des armées: Voici, un homme dont le nom est germe…"

Le germe est l'un des titres du Messie dans l'Ancien Testament. Voici donc l'homme dont le nom est germe, le Messie.

"… germera dans son lieu…"

Esaïe 53:2 dit qu'il s'élèvera comme un rejeton qui sort d'une terre desséchée.

"… il bâtira le temple de l'Eternel…"

Qu'est-ce que le temple de l'Eternel? C'est l'Eglise.

"… il portera les insignes de sa majesté."

Le mot grec pour "gloire" ("majesté" en français) et le mot hébreu pour "poids" sont directement liés. Paul parle, dans 2 Corinthiens, "d'un poids éternel de gloire". Aviez-vous réalisé que la gloire était un poids? Si Dieu voulait la mettre sur vous, cela vous écraserait. Il n'y a qu'un homme qui puisse porter la gloire, c'est Jésus. Il portera la gloire.

"… il s'assiéra et dominera sur son trône…"

Qui s'assied et domine sur un trône? Quel genre de personne est-ce? Il s'agit d'un roi.

"… il sera sacrificateur sur son trône…"

Il est donc le prêtre roi selon l'ordre de Melchisédek assis sur le trône. Quel est son trône? C'est le propitiatoire qui couvre la loi brisée qui est dans l'arche. Il n'est pas surprenant que l'auteur de l'épître aux Hébreux dise que c'était le trône de la grâce, parce qu'il est aspergé du sang du sacrifice expiatoire. Nous le verrons un peu plus tard.

Lisons la dernière phrase de Zacharie 6:13; c'est à mon avis la plus belle:

"Il bâtira le temple de l'Eternel; il portera les insignes de la majesté; il s'assiéra et dominera sur son trône, il sera sacrificateur sur son trône, et une parfaite union régnera entre l'un et l'autre."

Que signifie "l'un et l'autre"? Il s'agit du Père et du Fils. N'est-ce pas une extraordinaire révélation? Où est Christ maintenant? Il est à la droite du Père sur le trône. Que fait-il? Il remplit les ministères de prêtre et de roi. Pour le bien de qui est-il là? Il est le précurseur venu pour nous ouvrir la voie et nous faire entrer à l'intérieur. Nous partageons donc le trône avec lui. N'est-ce pas quelque chose qui doit nous remplir de joie?

Les quatre couvertures du tabernacle sont mentionnées dans Exode 26:1-14. Nous n'allons pas lire les quatorze versets, mais voir les quatre couvertures différentes. Vous comprenez ce que je veux dire quand j'affirme qu'aucune lumière ne peut filtrer de l'intérieur vers l'extérieur du tabernacle. Il était couvert avec quatre couvertures successives de l'intérieur vers l'extérieur; c'est là la façon de travailler de Dieu et non pas celle de l'homme.

"Tu feras le tabernacle de dix tapis de fin lin retors..." (Exode 26:1)

Le fin lin symbolise la justice. Il est cependant différent de celui qui est dehors. Il est "teint en bleu, en pourpre et en cramoisi avec des chérubins artistement travaillés". Le fin lin est toujours la justice; ce qui le rend étonnement beau, c'est la sainteté spirituelle du cœur, et non pas simplement la justice extérieure en actes. "Je ne vais pas au cinéma, je ne bois pas de whisky ni de bière..." et plein d'autres choses que vous faites ou ne faites pas. C'est ainsi que beaucoup de chrétiens vivent. Cette justice va vraiment plus loin. Nous devons entrer pour voir quelque chose qui ne peut être vu que quand nous sommes à l'intérieur. C'est d'une beauté à vous couper le souffle. J'aimerais que vous preniez le temps d'imaginer l'intérieur: cette glorieuse lumière dorée du chandelier d'airain à sept branches qui illuminait ce beau lin qui était glorieusement brodé de chérubins artistement travaillés.

Souvenez-vous que les chérubins avaient quatre faces: une face d'homme, une face de lion, une face de bœuf et une face d'aigle. Où que vous soyez à l'intérieur, des yeux vous regardent de la broderie. Je ne crois pas que l'art humain ait jamais pu concevoir quelque chose d'aussi beau que l'intérieur du tabernacle. Je veux dire que je ne crois pas que Michel-Ange ou que quiconque a jamais réalisé quelque chose de plus extraordinairement beau que l'intérieur du tabernacle. C'est la beauté intérieure du cœur. Dans 1 Pierre 3:3-4, Pierre dit en s'adressant aux femmes chrétiennes mariées (je crois que nous pouvons englober toutes les femmes):

"Ayez non cette parure extérieure qui consiste dans les cheveux tressés..."

Le tabernacle n'avait pas de décoration extérieure. Il était de l'extérieur une structure à l'allure délibérément terne et rébarbative. Quand vous y pénétriez, c'était éblouissant.

"... les ornements d'or, ou les habits qu'on revêt, mais la parure intérieure et cachée dans le cœur, la pureté incorruptible d'un esprit doux et paisible, qui est d'un grand prix devant Dieu."

C'est le fin lin brodé de chérubins. C'est l'ornement d'un esprit doux et paisible.

J'aimerais poser une question aux hommes. Combien d'entre vous croient qu'un homme doit avoir un esprit doux et paisible? Je le crois. Nous sommes plutôt enclins à dire à nos femmes qu'elle doivent avoir un esprit doux et paisible. Il n'y a rien dans la Bible qui dise qu'un homme n'en a pas besoin. C'est la beauté spirituelle masculine ou féminine.

Pour revenir à la couverture du tabernacle, nous en arrivons à ce qui est à l'intérieur, le fin lin artistement brodé. Nous lisons ceci à propos de la couverture suivante:

"Tu feras des tapis de poil de chèvre..." (Exode 26:7)

C'est très différent, n'est-ce pas? Le poil de chèvre est grossier et résistant, mais ce n'est pas beau. Il représente le vieil Adam, la chèvre en vous et moi. Savez-vous qu'il y a une chèvre qui dort en nous? Etes-vous déjà allé dans un endroit où paissent des moutons et des chèvres? Avez-vous remarqué la façon de se comporter qui est différente s'il s'agit d'une chèvre ou d'un mouton? Savez-vous que les manuscrits de la mer

Morte ont été découverts par une chèvre égarée qui est entrée dans une grotte? Un mouton ne se serait jamais aventuré là. Il existe une nature de chèvre en chaque pécheur qui s'égare, vagabonde et veut suivre son propre chemin. On l'appelle "le vieil Adam". C'est le tapis du tabernacle. En dessous il y a quelque chose d'une beauté époustouflante et par-dessus...

"Tu feras pour la tente une couverture de peaux de béliers teintes en rouge..." (verset 14)

Que symbolise le rouge? C'est le sang de Jésus versé. C'est le bélier, le prince, celui qui se substitue au pécheur. La vieille nature adamique est couverte de l'intérieur et de l'extérieur. De l'intérieur, elle l'est par la beauté spirituelle de la nouvelle création. A l'extérieur, elle l'est par le sacrifice expiatoire de Jésus. Notre vieil homme a été crucifié en lui. Si vous gardez le vieil homme entre le fin lin et les peaux de bélier, c'est bien. Si vous le laissez sortir, il redeviendra chèvre.

Enfin, sur le dessus il y a des peaux de blaireau ou de phoque, bien que tout le monde ne soit pas d'accord sur le genre d'animal. Ce n'est pas beau, c'est très solide et rugueux. Pour découvrir ce qu'il y a à l'intérieur, il faut entrer.

Cette zone représente, je crois, ce que la Bible appelle "le cœur". Il y a deux compartiments au cœur: l'esprit et l'âme. Dans des passages de la Bible, vous pouvez trouver chaque fonction de l'esprit et de l'âme désignée par le mot "cœur". Le cœur est l'homme intérieur qui n'est visible que du Seigneur. "L'homme regarde à ce qui frappe les yeux, mais l'Eternel regarde au cœur." (1 Samuel 16:7)

CHAPITRE TROIS

LE PARVIS

Prière d'introduction au message

"Père, nous te remercions des bénédictions indicibles et des privilèges qui sont les nôtres en Christ. Nous te remercions de la vérité de ta parole qui va de l'avant et nous reconnaissons encore une fois humblement notre dépendance de toi. Seigneur, nous savons que, sans toi, nous ne pouvons rien faire. Nous dépendons du Saint-Esprit, le guide, l'enseignant, le consolateur que tu nous as envoyé. Nous nous soumettons à toi, nous choisissons de nous soumettre au Père des esprits. Nous ouvrons nos cœurs et nos esprits dans le nom de Jésus et à travers le sang de Jésus. Que nous puissions recevoir la vérité et être gardés de toute erreur. Nous prions que nous puissions recevoir ta parole et qu'elle nous fasse du bien et accomplisse ses desseins dans chacune de nos vies. Pour ta gloire, dans le nom de Jésus. Amen."

Le parvis

Comme je vous l'ai déjà expliqué, il y a quelques mois j'ai senti que le Saint-Esprit me disait qu'il existait un chemin vers le saint des saint. Ce n'est ni en tâtonnant, ni en spéculant, ni en faisant ce qui nous plaît ou ce que nous pensons être bon. Il existe vraiment une voie d'accès indiquée menant au saint des saints. Je crois que le Saint-Esprit me l'a montrée sous la forme des différentes parties du tabernacle et des divers éléments que nous rencontrons sur le chemin. Voyons donc comment y entrer en étudiant les différents éléments que nous prendrons l'un après l'autre:

- l'autel d'airain,
- la cuve d'airain,
- la table d'or des pains de proposition,
- le chandelier d'or,
- l'autel d'or des parfums…
- … qui représente à la fois l'arche et le propitiatoire.

C'est, je crois, l'ordre biblique et logique d'accès au saint des saints.

Je veux le rendre si concret que personne, après avoir lu ce message, n'ignorera comment entrer dans le saint des saints. Que vous le vouliez, c'est autre chose, mais je veux vous donner la connaissance.

Voyons la première zone, qui est le parvis. Dans le chapitre précédent, je vous ai dit que la façon la plus évidente de faire la différence entre le parvis, le lieu saint et le saint des saints était le genre de lumière. Dans le parvis règne la lumière naturelle, celle du soleil, de la lune et des étoiles. Dans le lieu saint, c'est la lumière du chandelier d'airain à sept branches que j'appelle "la vérité révélée". Dans le saint des saints, il n'y a pas de source de lumière sauf celle de la présence personnelle de Dieu dans sa gloire qui est appelée la gloire "shekina". Si cette dernière n'est pas là, alors toute cette partie est dans le noir. C'est la seule lumière dans ce lieu.

Commençons par le parvis, qui est en relation avec le corps, ou ce que vous pouvez connaître par vos sens, par vos yeux et par vos oreilles. Le corps, le parvis, ou la connaissance par les sens, est le moyen de recevoir la vérité se rapportant à la vie de Christ dans les jours de sa chair. Lors de son ministère terrestre, il a marché dans les rues de Galilée et de Jérusalem comme un être humain qui peut être vu, touché et entendu par les sens. Une fois que nous avons dépassé ce stade, nous sortons de ce genre de connaissance pour entrer dans un domaine dans lequel nous dépendons de la révélation de la vérité.

La dernière apparition publique de Jésus au monde a été sur la croix. Après cela, il n'est apparu qu'aux croyants et aux disciples par révélation et non par une connaissance naturelle. Le parvis est donc la connaissance naturelle, le Jésus historique; elle vient à travers la lecture des quatre Evangiles, qui sont les quatre piliers retenant le rideau à l'entrée. Ce sont Matthieu, Marc, Luc et Jean, ou les faces des chérubins. Matthieu représente le roi, le lion; Marc le serviteur, le bœuf; Luc l'homme dans son humanité; Jean l'aigle, le Fils de Dieu.

L'autel d'airain

Le premier élément que nous allons étudier est l'autel d'airain. Vous ne pouvez pas aller plus loin, vous devez faire y face. Quelqu'un a fait remarquer qu'à cause de toutes ses faces recouvertes d'airain poli, quand nous arrivions et que nous le regardions, nous nous voyions dedans, et c'est ce que nous avons besoin de voir. Vous vous voyez (le problème) et l'autel est la solution.

La description de l'autel d'airain nous est donnée dans Exode 27:1-8. Il avait quatre côtés mesurant chacun cinq coudées, soit environ deux mètres vingt-cinq. C'était une très grande structure. Il dominait complètement l'entrée du parvis. L'autel d'airain est une image de la croix et de ce que Jésus a fait sur la croix. Vous ne pouvez pas entrer dans tout ce que Dieu a fait pour vous si vous évitez la croix. Il n'y a pas d'autre façon d'entrer. La première chose que nous rencontrons est la croix et vous vous y voyez comme dans un miroir.

Pour des raisons pratiques, je vous suggère de considérer les quatre faces de l'autel comme quatre provisions spécifiques et différentes que Dieu a faites par la mort de Jésus sur la croix. La première est le pardon des péchés passés. C'est essentiel. Tant que vos péchés ne sont pas pardonnés, vous ne pouvez pas aller plus loin. C'est clairement affirmé dans Romains 3:25. Paul dit en parlant de Jésus-Christ et de son œuvre rédemptrice:

"C'est lui que Dieu a destiné, par son sang, à être, pour ceux qui croiraient, victime propitiatoire, afin de montrer sa justice (la justice de Dieu), parce qu'il avait laissé impunis les péchés commis auparavant, au temps de sa patience."

La première face de l'autel est donc le pardon des péchés passés; sans cela, nous ne pouvons pas aller plus loin. Malheureusement, beaucoup de chrétiens ne vont pas plus loin. Chaque dimanche, ils se rendent à l'église, confessent leurs péchés et, dans la plupart des cas, s'ils sont comme moi quand j'étais anglican, espèrent que quelque chose va se passer. Ils sortent de là prêts à revenir la semaine suivante pour confesser exactement le même genre de péchés que la semaine précédente. C'est uniquement la première face de l'autel d'airain. Si vous n'affrontez pas les autres faces de l'autel, vous continuerez à confesser de façon répétitive et ennuyeuse vos péchés chaque fois que vous irez à l'église. En fait, pour tout vous dire, dans le livre de prière anglican il est prévu, et vous ne pouvez pas l'éviter, qu'il faut le faire chaque dimanche vers onze heures quinze. Dans un certain sens, je dirais que cela empêche tout progrès parce que, si vous n'allez jamais au-delà, vous restez sur place.

L'aspect suivant de la provision de Dieu est le fait qu'il a ôté notre péché. Nous devons faire la différence entre les péchés au pluriel, qui sont les actes mauvais qui ont été commis, et le péché au singulier, qui est une puissance spirituelle mauvaise, corrompue, destructrice qui vous pousse à pécher, à commettre le péché. Le péché est la source des péchés. Lorsque nous avons traité ces derniers, nous n'avons soigné que les branches de l'arbre, pas le tronc. Le tronc est le péché qui porte toutes les branches des péchés. Nous parlons du péché notamment dans deux passages du Nouveau Testament:

"Celui qui n'a point connu le péché (Jésus), il l'a fait devenir péché pour nous, afin que nous devenions en lui justice de Dieu."

Il y a eu échange. Il a été fait péché pour nous, afin que nous devenions justes de sa justice. Nous ne traitons pas les péchés, mais le péché.

Hébreux 9:26 contient la même vérité sur Jésus:

"… il aurait fallu qu'il eût souffert plusieurs fois depuis la création du monde…"

Il parle de Christ et souligne qu'il n'a souffert qu'une seule fois, car il a fait en une fois tout ce qui devait être fait.

"… tandis que maintenant, à la fin des siècles, il a paru une seule fois pour abolir le péché par son sacrifice."

C'est là qu'il a traité le péché. C'est la deuxième face de l'autel.

Nous en arrivons maintenant à la troisième face qui est notre vieille nature corrompue et rebelle, la "chèvre" qui est en chacun de nous. Nous avons parlé plus haut du poil de chèvre qui couvrait les faces. Sur l'une d'elles, il y avait la justice intérieure, et sur l'autre le rachat représenté par les peaux de béliers teintes en rouge. La nature "chèvre", la nature pécheresse, le vieil Adam a aussi été traité à la croix:

"… sachant que notre vieil homme a été crucifié avec lui…" (Romains 6:6)

Le grec dit: "Il a été crucifié avec lui." La phrase est écrite avec un temps passé; c'est un fait historique, c'est vrai que vous le sachiez ou pas. Si vous ne le savez pas, vous ne pourrez pas en profiter.

"… sachant que notre vieil homme a été crucifié avec lui (avec Jésus), afin que le corps du péché fût détruit…"

"Détruit" est ici un mot trompeur. Il vaudrait mieux dire "rendu inopérant", "qui n'est plus capable de s'imposer"; voilà ce que cela signifie vraiment.

"… pour que nous ne soyons plus esclaves du péché."

La seule façon d'échapper à l'esclavage du péché, c'est à travers la mort de la vieille nature pécheresse. Le vieil homme est un cas tellement désespéré que Dieu n'a pas de solution pour lui. Il ne l'envoie pas à l'église, ne lui enseigne pas les dix commandements, ne le rend pas religieux. Il l'exécute. C'est la seule solution pour le vieil Adam.

La miséricorde de Dieu est que l'exécution a eu lieu en la personne de Jésus sur la croix. Quand Jésus est mort, notre vieil homme est mort avec lui. Vous devez le savoir et le reconnaître. Si vous ne le savez pas et ne le reconnaissez pas, cela ne fonctionnera pas. C'est le fait de le savoir et de le reconnaître qui fait son efficacité.

La quatrième face est celle où nous pouvons nous offrir à Dieu comme une offrande consumée par le feu. Cette dernière était offerte à Dieu pour être complètement brûlée dans les flammes de l'autel en signe de consécration totale. Si vous étudiez, dans le livre du Lévitique, l'ordre des offrandes qui sont toutes typiques de Jésus, vous verrez que la première offrande dont il est parlé est celle consumée par le feu, parce que l'initiative ne vient pas de l'homme ou du pécheur mais de Dieu. C'est uniquement parce que Jésus a été fait pour nous offrande consumée par le feu sur l'autel de la volonté de Dieu sur la croix que tout le reste a pu avoir lieu. Si Jésus n'avait pas voulu dire: "Non pas ma volonté, mais la tienne. Je m'offre à toi sans restriction", alors tout le reste n'aurait pas pu avoir lieu.

Si nous nous référons au déroulement du tabernacle, nous progressons ici à l'inverse de l'Ecriture. Je le fais délibérément.

L'Ecriture commence par l'arche et va vers l'extérieur. L'initiative du salut et de la rédemption vient de Dieu et non de l'homme. Nous partons de l'œuvre achevée pour revenir en arrière. Souvenez-vous que, si Dieu n'avait pas voulu, rien ne se serait passé. Si Jésus n'avait pas été la première offrande consumée par le feu sur la croix, il n'y aurait pas eu de salut pour vous et moi. Avec nous, l'ordre est inversé. Nos péchés doivent être pardonnés, le péché doit être éradiqué, la vieille nature doit mourir ou être crucifiée. C'est alors que nous pouvons nous offrir nous-mêmes comme sacrifices consumés par le feu que Dieu peut agréer. Nous le lisons dans Romains 12:1-2:

"Je vous exhorte donc, frères…"

Le "donc" se rapporte à toutes les vérités qui ont été dites dans les onze premiers chapitres. Il se fonde sur ces onze chapitres. Maintenant, que nous demande Dieu une fois que tout cela est fait?

"Je vous exhorte donc, frères, par les compassions de Dieu, à offrir vos corps comme un sacrifice vivant, saint, agréable à Dieu, ce qui sera de votre part un culte raisonnable."

A moins que vous n'ayez été sur ces trois faces de l'autel, vous ne pouvez vous présenter comme saint, acceptable devant Dieu. Ces trois choses doivent d'abord être faites avant que vous puissiez offrir un sacrifice acceptable pour Dieu.

Dieu dit donc: "Je veux vos corps." Peu de chrétiens le comprennent. Dieu veut tout notre corps. Sous l'Ancienne Alliance, les corps des animaux tués étaient placés sur l'autel. Dieu dit: "Je veux ton corps sur l'autel de la même façon, à une différence près." En effet, il n'est pas mort, mais vivant. Autrement, il n'y a pas de différence.

Le verset suivant de Romains nous dit que, lorsque nous offrons notre corps, alors notre intelligence est transformée et nous pouvons commencer à découvrir la volonté de Dieu.

"Ne vous conformez pas au siècle présent, mais soyez transformés par le renouvellement de l'intelligence, afin que vous discerniez quelle est la volonté de Dieu, ce qui est bon, agréable et parfait." (verset 3)

Tant que vous n'avez pas mis votre corps sur l'autel, vous ne pouvez pas trouver la volonté de Dieu. Quand vous y placez votre corps, votre intelligence est renouvelée et la volonté de Dieu commence à vous apparaître. Vous ne pouvez pas faire de progrès tant que vous n'avez pas fait le tour des quatre faces de l'autel. Lisons-les encore une fois:

- les péchés passés sont pardonnés,
- le péché est ôté,
- le vieil homme est exécuté,
- le sacrifice consumé par le feu en signe de total abandon envers Dieu est offert; il s'agit de mettre tout votre corps sur l'autel pour Dieu pour qu'il vous utilise comme il lui plaît.

A partir de là, votre corps ne vous appartient plus. C'est 1 Corinthiens 6:19-20 qui nous le dit. Vous ne vous appartenez plus, vous avez été acheté à un grand prix. Glorifiez donc Dieu dans votre esprit et dans votre corps qui appartiennent à Dieu. C'est la première grande provision de Dieu, l'autel d'airain.

La cuve d'airain

Voyons à présent la cuve d'airain. Lisons à ce propos Exode 30:17-21:

50

"L'Eternel parla à Moïse, et lui dit: Tu feras une cuve d'airain (cela désigne quelque chose pour se laver), avec sa base d'airain, pour les ablutions: tu la placeras entre la tente d'assignation et l'autel, et tu y mettras de l'eau..."

La cuve se trouvait entre l'autel et la tente d'assignation.

"... avec laquelle Aaron est ses fils se laveront les mains et les pieds. Lorsqu'ils entreront dans la tente d'assignation, ils se laveront avec cette eau, afin qu'ils ne meurent point; et aussi lorsqu'ils s'approcheront de l'autel, pour faire le service et pour offrir des sacrifices à l'Eternel. Ils se laveront les mains et les pieds, afin qu'ils ne meurent point. Ce sera une loi perpétuelle pour Aaron, pour ses fils et pour leurs descendants."

Remarquez que l'utilisation de la cuve n'était pas facultative, mais absolument obligatoire pour tous ceux qui passaient de l'autel au tabernacle ou du tabernacle à l'autel. Personne ne pouvait passer par la cuve sans se laver. S'ils ne le faisaient pas, ils étaient punis de mort. Cela nous montre la grande importance de la cuve.

Qu'est-ce que la cuve? Elle représente la place de la parole de Dieu. Remarquez que dans Exode 38:8 il nous est dit en quoi elle est faite; c'est très intéressant:

"Il (Betsaleel) fit la cuve d'airain..."
Où s'est-il procuré l'airain?

"... avec sa base d'airain, en employant les miroirs des femmes qui s'assemblaient à l'entrée de la tente d'assignation."

L'airain était pris des miroirs des femmes israélites qui s'assemblaient et adoraient au tabernacle. Vous vous demandez peut-être comment il est possible de posséder un miroir d'airain. Souvenez-vous que le verre n'existait pas à cette époque et que le meilleur miroir était fait de bronze lisse poli. Pour faire la cuve (c'est une pensée très profonde), les femmes du peuple d'Israël ont dû sacrifier leurs miroirs. Je suppose que les femmes sont d'accord de dire que c'est comme un sacrifice. C'est à partir de ces miroirs de bronze qu'a été pris le métal qui a servi à faire la cuve.

Nous avons donc différents aspects de la cuve. Elle venait des miroirs, était faite en bronze et était remplie d'eau. Chacun de ces éléments parle d'un aspect de la parole de Dieu.

D'abord cela parle de la parole de Dieu comme d'un miroir:

"Car, si quelqu'un écoute la parole et ne la met pas en pratique, il est semblable à un homme qui regarde dans un miroir son visage naturel, et qui, après s'être regardé, s'en va et oublie aussitôt comment il est." (Jacques 1:23-24)

La parole de Dieu est un miroir. Ce n'en est pas un qui nous révèle notre apparence physique extérieure; il nous montre notre état spirituel intérieur. Si vous voulez savoir ce que vous êtes vraiment aux yeux de Dieu, regardez dans le miroir. Je l'ai fait il y a plus de trente ans. En tant que philosophe, je n'y croyais pas. J'ai commencé à étudier systématiquement la Bible. Je ne croyais pas en son inspiration et je ne la comprenais certainement pas. Mais c'était un miroir. Plus je la lisais, plus je me sentais mal à l'aise. A cette époque, je pensais vraiment que j'avais réponse à tout. Je n'avais qu'à regarder dans une certaine direction pour obtenir la réponse. Plus je lisais la Bible, plus je commençais à voir mes imperfections, mes défauts et mes insuffisances. Cela m'énervait vraiment, mais je n'avais pas la réponse. Mais je commençais à regarder dans le miroir.

Quand vous vous observez dans un miroir, vous pouvez faire deux choses. Si vous voyez que votre visage est sale, que vos cheveux sont décoiffés, que vos habits sont froissés et tachés, vous pouvez dire que ce n'est pas grave, partir et ne rien faire. Dans ce cas, le miroir ne vous sert à rien. Ou alors vous pouvez agir par rapport à ce que vous voyez, faire les changements nécessaires et, dans ce cas, Jacques déclare que vous serez béni en réponse à ce que vous avez fait. Souvenez-vous que ce ne sont pas ceux qui écoutent la parole qui sont bénis, mais ce sont ceux qui la mettent en pratique, ceux qui agissent selon elle. Vous pouvez écoutez tous les messages d'une convention, être ému et enthousiaste, crier et frapper des mains mais, si vous n'agissez pas, vous n'aurez aucune bénédiction permanente. En fait, vous augmenterez votre responsabilité. C'est tout.

Ensuite la parole de Dieu est notre juge. Vous vous demandez sans doute pourquoi. Tout simplement parce que le bronze en tant que métal symbolise toujours le jugement et l'examen divin. Dans Jean 12:47-48 Jésus dit:

"Si quelqu'un entend mes paroles et ne les garde point, ce n'est pas moi qui le juge; car je suis venu non pour juger le monde, mais pour sauver le monde. Celui qui me rejette et qui ne reçoit pas mes paroles a son juge; la parole que j'ai annoncée, c'est elle qui le jugera au dernier jour."

C'est une belle image. Dieu n'a pas envie de juger. Vous pourriez sourire à la façon dont Dieu éloigne le jugement. 1 Pierre 1:17 nous dit que Dieu le Père est le juge. Jean 5:22 nous déclare que le Père a remis tout jugement au Fils. Jean 12 dit que le Fils affirme: "Je ne vais pas vous juger. J'ai remis tout jugement à la parole." Dieu n'a donc pas envie d'exécuter le jugement.

Le jugement sera cependant exécuté selon les critères de la Parole. C'est le critère absolu du jugement divin. Cela nous donne une opportunité bénie de nous juger nous-mêmes.

"Si nous nous jugions nous-mêmes, nous ne serions pas jugés." (1 Corinthiens 11:31)

Dieu dit que, si vous vous jugez vous-même en vous regardant dans le miroir, il n'aura pas à vous juger. Paul écrit aux Corinthiens en leur disant: "Vous ne l'avez pas fait. C'est pour cela qu'il y a parmi vous beaucoup de faibles et de malades. Beaucoup meurent, plusieurs sont morts prématurément parce que vous ne vous êtes pas jugés vous-mêmes par rapport à ce que vous avez vu dans le miroir. Par conséquent, je dois vous juger, dit Dieu." Si nous nous jugeons nous-mêmes, Dieu n'a pas besoin de nous juger. C'est le bronze.

Nous en arrivons à l'eau qui est la parole de Dieu, symbole de l'agent nettoyant. Lisons Ephésiens 5:25-27:

"… Christ a aimé l'Eglise et s'est livré lui-même pour elle (sur la croix), afin de la sanctifier, après l'avoir purifiée par le baptême d'eau, afin de faire paraître devant lui cette Eglise glorieuse…"

C'est à la croix que Christ s'est lui-même donné. C'est la purification par la Parole qui purifie et sanctifie celui qu'il a d'abord racheté par son sang. Gardez-le en mémoire. Christ a racheté l'Eglise par son sang afin de la purifier et de la sanctifier par l'eau de la parole de Dieu. La sanctification, la sainteté et l'accomplissement de la volonté de Dieu dépendent du sang de la croix et de l'eau de la Parole. Souvenez-vous que ceux qui s'approchaient de l'autel d'airain et qui ne se lavaient pas dans la cuve étaient punis de mort. C'est vrai. Vous êtes peut-être racheté par votre foi en la mort de Christ sur la croix mais, si vous ne vous lavez pas dans l'eau de la Parole, vous ne pouvez pas vous sanctifier. Jésus est venu pour une Eglise qui a été rendue sainte et glorieuse par l'eau de la Parole. C'est très clair. Tout croyant qui n'étudie pas la Parole et ne s'y soumet pas pour lui obéir et en vivre ne peut espérer être prêt pour la venue du Christ. C'est absolument certain.

Cela est résumé dans 1 Jean 5:6, qui est un beau passage. En parlant de Jésus:

"C'est lui, Jésus-Christ, qui est venu avec de l'eau et du sang; non avec l'eau seulement, mais avec l'eau et avec le sang; et c'est l'Esprit (le Saint-Esprit) qui rend témoignage, parce que l'Esprit est la vérité."

Jésus est venu avec l'eau pour nous enseigner. Déjà avant la croix, il a dit à ses disciples dans Jean 15:3: "Déjà vous êtes purs, à cause de la parole que je vous ai annoncée." Il n'est cependant pas venu qu'avec de l'eau, comme beaucoup de chrétiens voudraient nous le faire croire. Jésus n'est pas seulement celui qui nous enseigne, il est aussi le rédempteur qui a dû verser son sang. Sans effusion de sang, il n'y a ni rémission des péchés ni rédemption. Il a donc versé son sang afin que nous puissions être purifiés et sanctifiés par l'eau de sa Parole. Il est venu avec l'eau et le sang.

C'est l'Esprit de Dieu qui porte témoignage au sang et à la Parole. Quand vous en êtes là, vous êtes dans le domaine du témoignage de l'Esprit. Vous êtes dans une zone de forte assurance et vous savez sans l'ombre d'un doute que Dieu a fait, et fait encore, des choses pour vous. Si vous quittez cette zone, vous perdez le témoignage de l'Esprit. L'Esprit rend témoignage à l'autel et à la cuve d'airain. Cela vous donne l'assurance d'aller de l'avant.

CHAPITRE QUATRE

LE LIEU SAINT

Si je résume un peu ce que nous avons déjà vu, je l'ai dit qu'il existe un chemin vers le saint des saint. Dieu a donné à Moïse, sous l'Ancienne Alliance, un modèle; à cette époque, ce n'était qu'un modèle terrestre des réalités et des vérités célestes. C'est seulement à travers la Nouvelle Alliance en Jésus-Christ que nous pouvons entrer dans les réalités célestes de ce qui a été dévoilé en modèle, genre et ombre sous l'Ancienne Alliance.

Trop de chrétiens charismatiques vivent encore par bien des aspects en dessous du niveau spirituel de ceux qui vivaient à l'époque de l'Ancien Testament. Ici, l'Ecriture nous dit que ce qui n'a pu être atteint par les croyants de l'Ancien Testament a été obtenu pour nous. Sous la loi mosaïque, le chemin vers le saint des saint n'était pas encore clair. Il nous est dit que nous avons l'assurance d'entrer dans le saint des saints par un chemin nouveau et vivant. Je crois qu'à travers ces messages, le Saint-Esprit nous met au défi de réagir, de prendre cette décision, d'aller là où Dieu a ouvert la voie pour nous.

Quand il est parlé de "chemin", je pense que cela veut vraiment dire "le chemin". Je crois qu'il y a une voie tracée. Ce n'est pas une question de conjecture ou d'espérance; il s'agit d'aller dans la direction de l'Ecriture. Je crois que Dieu m'a vraiment montré que, si nous regardons le plan du tabernacle (qui était tripartite) dans l'Ecriture, cela va nous révéler le chemin vers le saint des saint.

Lorsque vous vous êtes approché de Christ la première fois, vous vous êtes approché de l'autel d'airain, comme nous l'avons vu précédemment. Il y a un chemin qui vous emmène

57

de l'autel d'airain étape après étape dans le saint des saints, dans un lieu dans lequel Dieu se révèle lui-même dans sa gloire. Je pense que je peux affirmer que Dieu m'a montré que c'était là le chemin. Le plan est là, la carte est là. Si vous les suivez, ils vous y conduiront.

Nous entendons tant de gens dire que, quand ils sont venus à Christ, ils ont tout reçu. Pour moi, c'est complètement absurde. C'est comme si nous restions à l'entrée et que nous disions que nous sommes dans le saint des saints. C'est contradictoire dans les termes. Vous avez reçu le droit d'entrer dans tout quand vous êtes venu à Christ. A tous ceux qui l'ont reçu, l'Ecriture dit qu'il leur a donné l'autorité pour devenir des enfants de Dieu. Mais le chemin est long entre le fait de recevoir l'autorité pour devenir un enfant de Dieu et devenir un enfant de Dieu mature. C'est un long voyage.

Nous allons commencer le voyage. Revoyons brièvement ce que nous avons dit, puis nous passerons à la troisième étape:

- L'autel d'airain représente la croix et la mort de Jésus. Ses quatre faces représentent chacune quelque chose d'essentiel pour notre progression. Le premier côté symbolise le pardon des péchés passés; le deuxième la victoire sur le péché en tant que force spirituelle destructrice. Une seule fois Christ est apparu pour ôter le péché à travers son sacrifice. Le troisième côté représente l'élimination de notre vieille nature charnelle et rebelle. Notre vieil homme a été crucifié avec Christ. Le quatrième côté représente l'offrande consumée par le feu en signe de consécration totale, en plaçant notre vie tout entière sur l'autel pour Dieu.
- Nous sommes passés de l'autel d'airain à la cuve qui était conçue en bronze, à partir des miroirs des femmes d'Israël, et qui était remplie d'eau pure. Elle représente la parole de Dieu d'abord comme un miroir, qui nous montre notre condition spirituelle intérieure. L'airain symbolise également le jugement, les moyens avec

lesquels nous nous jugeons nous-mêmes. "Si nous nous jugions nous-mêmes, nous ne serions pas jugés par Dieu." (1 Corinthiens 11:31) En nous regardant dans le miroir, nous avons l'opportunité de nous juger nous-mêmes selon les critères immuables de Dieu.

• Dans le parvis, la cuve contient l'eau pure qui symbolise la parole de Dieu comme un agent de sanctification et de purification: "Christ a aimé l'Eglise et s'est livré lui-même pour elle, afin de la sanctifier, après l'avoir purifiée par le baptême d'eau." (Ephésiens 5:26-27) "C'est lui, Jésus-Christ, qui est venu avec de l'eau et du sang; non avec l'eau seulement, mais avec l'eau et avec le sang." (1 Jean 5-6) Il est venu avec l'eau pour purifier et sanctifier en tant qu'enseignant. Il est venu avec le sang pour nous donner sa vie, prix de la rédemption, en tant que rédempteur. Quand vous venez à l'eau et au sang, alors l'Esprit rend témoignage. C'est là que vous avez l'absolue certitude d'avancer avec Dieu. Dans le parvis, tous les éléments sont en airain pour symboliser le jugement et l'inspection divins sur tout ce qui n'est pas conforme.

La table d'or des pains de proposition

Passons maintenant du parvis au lieu saint. Pour le relier aux domaines de la personnalité humaine, nous devons passer du domaine du corps à celui de l'âme où, pour le relier à la vie de Christ, nous passons du domaine de Jésus au jour de sa chair à la révélation de Jésus après sa mort à travers sa résurrection qui ne nous est donnée que par les Ecritures inspirées. Nous ne pouvons pas connaître ces choses par la perception naturelle. Tout ce qui se passe après la croix et l'ensevelissement de Jésus se situe dans cette zone. Le parvis ne nous en dit rien. Nous passons des jours de Jésus dans sa chair à la révélation de Jésus ressuscité des morts. 2 corinthiens 5:15-16 est très clair à ce propos:

"… et qu'il est mort pour tous, afin que ceux qui vivent ne vivent plus pour eux-mêmes, mais pour celui qui est mort et ressuscité pour eux."

Nous parlons maintenant du fait que Jésus est non seulement mort, mais qu'il est également ressuscité.

"Ainsi, dès maintenant (à cause de sa mort et de sa résurrection), nous ne connaissons personne selon la chair (nous ne sommes plus dans ce domaine); et si nous avons connu Christ selon la chair, maintenant nous ne le connaissons plus de cette manière."

Nous passons d'une zone à une autre où la vérité révélée nous est communiquée par le Saint-Esprit. Sur le plan de la personnalité humaine, nous passons d'une zone de connaissance sensorielle à une zone de vérité révélée, du corps à l'âme.

Les trois fonctions de l'âme sont la volonté, l'intelligence et les émotions. La première, dont les autres dépendent, est la volonté. J'ai choisi de la représenter par la table, qui est le premier élément que nous rencontrons une fois que nous avons passé le voile. Selon moi, le pain représente la volonté parce que, dans l'Ecriture, il est un symbole de la force, et la force de l'âme n'est pas dans l'intelligence ni dans les émotions, mais dans la volonté. Vous pouvez avoir une intelligence brillante et être très émotif et faible. La force de votre âme réside dans sa volonté. Je suis d'accord avec ce que Finney a dit il y a des années quand il écrivait et prêchait: "Je ne prêche pas aux émotions des hommes. Je ne cherche pas à atteindre leurs émotions. Je cherche à atteindre et à changer leur volonté." C'est pour cette raison que ses prédications étaient aussi efficaces. Il est facile d'émouvoir, mais totalement inefficace si nous ne changeons pas leur volonté. C'est ce à quoi nous devons tendre.

Lisons maintenant le Psaume 104:15, qui est un verset clé pour le domaine que nous étudions. Il nous parle de la provision de Dieu pour l'homme:

"Il fait germer l'herbe pour le bétail (dans le verset 15, ce sont trois provisions spécifiques pour l'homme) [...] Le vin qui réjouit le cœur de l'homme, et fait plus que l'huile resplendir son visage, et le pain qui soutient le cœur de l'homme."

En fait, nous avons les trois. Le vin représente les émotions. L'huile, c'est l'illumination. Remarquez le mot "resplendir" qui nous parle de lumière. Le pain nous parle de la volonté. Nous pouvons utiliser "intelligence" à la place de "illumination de l'esprit". Tout au long de la Bible, la provision de base de Dieu est résumée dans ces trois choses: le blé, le vin et l'huile. Lorsque l'Esprit se retire dans Joël 1, il est dit que le peuple de Dieu est privé de blé, de vin et d'huile. Lorsque l'Esprit est déversé dans Joël 2:19, il est dit: "Je vous redonnerai le blé, le vin et l'huile." Le blé est la force de la volonté et de la parole de Dieu. L'huile est l'illumination du Saint-Esprit. Le vin est la joie de la musique et de la danse. Dieu veut que son peuple ait du blé, du vin et de l'huile. Vous vivez misérablement si vous ne possédez pas ces trois choses.
Abordons avant tout le sujet du pain, qui est la force de la volonté. Pour vous le confirmer, lisons Esaïe 3:1. Remarquez comment Dieu y parle du pain:
"Le Seigneur, l'Eternel des armées, va ôter de Jérusalem et de Juda tout appui et toute ressource, toute ressource de pain et toute ressource d'eau."

Le pain est le symbole de la force. La force est dans la volonté. Christ représente le modèle de la volonté. Dans Hébreux 10:5-7, nous lisons:

"C'est pourquoi Christ, entrant dans le monde, dit: Tu n'as voulu ni sacrifice ni offrande, mais tu m'as formé un corps; tu n'as agréé ni holocaustes ni sacrifices pour le péché (en référence aux cérémonies mosaïques). Alors j'ai dit: Voici, je viens (dans le rouleau du livre il est question de moi)…"

Les conseils éternels de Dieu écrits dans le rouleau du Livre, le sceau de l'alliance entre le Père et le Fils avant le commencement des temps se réalisent.

"… (dans le rouleau du livre il est question de moi) pour faire, ô Dieu, ta volonté."

Son corps était préparé à faire la volonté de Dieu. Pour quelles raisons avez-vous un corps? Pour faire la volonté de Dieu. Toute autre raison est secondaire. Lisons d'autres affirmations de Jésus:

"Je ne puis rien faire de moi-même: selon ce que j'entends, je juge; et mon jugement est juste parce que je ne cherche pas ma volonté, mais la volonté de celui qui m'a envoyé." (Jean 5:30)

Voici un principe très important. Vous pouvez juger avec justice et avec discernement quand vous ne recherchez pas votre propre volonté. Lorsque vous recherchez la volonté de Dieu, vous ne serez pas trompé. Vous aurez la perception, le discernement, le jugement. Quand vous commencez à faire votre propre volonté, vous vous détournez du droit chemin. Dans Jean 6:38, nous lisons la même vérité:

"… car je suis descendu du ciel pour faire non ma volonté, mais la volonté de celui qui m'a envoyé."

Dans Matthieu 26:39, il y a une confirmation finale; la scène se déroule dans le jardin dans lequel par deux fois il dit au

Père: "Mon Père, s'il est possible, que cette coupe s'éloigne de moi! Toutefois, non pas ce que je veux, mais ce que tu veux." C'est la confirmation de l'abandon de sa volonté en tout point au Père.

Dans Romains 12:1-2 nous avons lu que, par l'abandon de votre corps, vous découvrez la volonté de Dieu. Hébreux 10:7b et 9a dit: "Tu m'as formé un corps [...] pour faire ta volonté." Lorsque votre corps est abandonné, la volonté de Dieu peut se faire.

Dans Jean 4:31-34, nous lisons le récit où Jésus a parlé à la Samaritaine au puits de Jacob. Il avait envoyé ses disciples à la ville pour chercher de la nourriture. Quand ils reviennent, il ne veut plus manger. Ils ne pouvaient pas comprendre:

"Pendant ce temps, les disciples le pressaient de manger (nous avons la nourriture que tu nous a demandée), disant: Rabbi, mange. Mais il leur dit: J'ai à manger une nourriture que vous ne connaissez pas. Les disciples se disaient donc les uns aux autres: Quelqu'un lui aurait-il apporté à manger? Jésus leur dit: Ma nourriture est de faire la volonté de celui qui m'a envoyé, et d'accomplir son œuvre."

Ce qui donnait de la force à Jésus était de faire la volonté de Dieu. Il était faible quand il s'est assis au puits de Jacob et, quand il a vu la femme et qu'il a accompli la volonté de Dieu, cela lui a en fait redonné des forces physiques. Il n'a plus ressenti ce besoin immédiat de manger. C'est vrai pour vous et moi. Ce qui nous donne de la force, c'est d'accomplir la volonté de Dieu. C'est disposer notre volonté pour faire celle de Dieu qui nous donne la force et un but pour notre âme. C'est là que la force commence. En fait, que peut faire Dieu d'une personne qui n'a pas de force? Vous pouvez consacrer votre vie à Dieu pour tous les services mais, si vous êtes esclave de vos émotions, il n'y aura pas de résultat durable. Dieu doit commencer à agir dans le domaine de la volonté. Je crois qu'il est très dangereux que si peu de choses soient dites aux charismatiques dans le domaine de la volonté. Nous voulons arriver à l'autel d'or. Mes amis, vous ne pouvez pas l'atteindre légitimement tant que vous n'êtes pas passés par la table et par le chandelier d'or.

Etudions les provisions pour la table que nous lisons dans Lévitique 24:5-9:

"Tu prendras de la fleur de farine, et tu en feras douze gâteaux; chaque gâteau sera de deux dixièmes."

Chaque fois que je lis ces passages, je remarque combien tout est précis. Il n'y a pas de marge, il n'y a ni "si", ni "mais", ni de "peut-être". Tout est précis.

"Tu les placeras en deux piles, six par pile, sur la table d'or pur devant l'Eternel. Tu mettras de l'encens pur sur chaque pile, et il sera sur le pain comme souvenir, comme une offrande consumée par le feu devant l'Eternel. Chaque jour de sabbat, on rangera ces pains devant l'Eternel continuellement…"

On les changeait toutes les semaines. Un nouveau pain remplaçait l'ancien tous les sabbats.

"Ils appartiendront à Aaron et à ses fils…"

C'était la portion du prêtre, le pain qu'il prenait de la table quand il était resté une semaine devant l'Eternel. Il devenait la portion d'Aaron et de sa famille en tant que sacrificateurs.

Appliquons-le maintenant à votre volonté et à la mienne. J'ai souligné huit traits successifs dans lesquels le pain perpétuel symbolise le genre de volonté que Dieu cherche. Ailleurs, dans Nombres 4:7, il est appelé "le pain de proposition". En réalité, l'expression "pain de proposition" (ou "pain perpétuel") n'est pas une traduction littérale. C'est en fait "le pain de la face", la face de Dieu. C'est le pain qui est toujours devant la face de Dieu, nuit et jour, sept jours sur sept. C'est votre volonté. Je n'arrive pas à penser à autre chose qui m'ait plus profondément touché ces derniers mois que le fait de comprendre que ma volonté est comme un pain de proposition sur la table disposé devant Dieu nuit et jour, vingt-quatre heures sur vingt-quatre. Dieu demande à inspecter ma volonté. S'il manque un pain ou s'il est mal disposé, il veut savoir pourquoi. Si vous le réalisez, cela fera un changement extraordinaire en vous. Souvenez-vous que votre volonté est comme ce pain de proposition continuellement devant la face de Dieu. Il faut qu'il y en ait douze. Chacun doit être en permanence à la bonne place. A aucun moment votre volonté ne doit être en désaccord avec celle de Dieu. J'ose même vous promettre que, si vous pouvez le comprendre, vous éviterez beaucoup de catastrophes et de mésaventures. Vous devez vous gardez de votre volonté; c'est à partir d'elle que tout commence vraiment dans votre relation avec Dieu.

Dans le parvis, c'est ce que Dieu a fait pour nous. Quand nous en sommes là, nous devons donner notre réponse à Dieu. Cela commence par la volonté. Je peux penser ainsi à moi: je marche dans la rue ou je fais une activité banale de tous les jours; est-ce que là je pense au pain? Sont-ils tous en place? Y a-t-il quelque chose en moi qui ne veut pas faire la volonté de Dieu? Je ne veux pas dire que je me résigne, mais que je fais mes délices de la volonté de Dieu. "Seigneur, je viens à toi, je me réjouis de faire ta volonté." C'est mon délice, c'est ma force.

Voyons maintenant les huit points:

1. Pour faire le pain de proposition, il fallait moudre le blé très finement. C'est ainsi que Dieu s'occupe de votre volonté. Lisons la première partie d'un beau passage, Esaïe 28:28:

"On bat le blé…"

65

On bat continuellement votre volonté. Il ne faut pas qu'il y ait le moindre morceau qui reste, tout doit être absolument et parfaitement moulu. Votre volonté n'est acceptable que si elle est aussi fine que de la farine. Tant qu'il n'en est pas ainsi, Dieu continuera à vous "moudre".

2. Pour faire un pain, il doit être pétri. Votre volonté doit être conforme à celle révélée de Dieu dans les Ecritures. Le modèle, c'est Jésus.

3. Quand il est pétri, il faut le cuire à la chaleur du feu. La chaleur, c'est l'épreuve. Vous dites que vous voulez faire la volonté de Dieu. Tout est contre vous. Cinq catastrophes différentes vous atteignent le même jour. Si vous changez d'avis, c'est que vous ne pouvez pas résister au feu. Vous devez passer par le feu. L'apôtre dit dans 1 Pierre 4:12: "Bien-aimés, ne soyez pas surpris, comme d'une chose étrange qui vous arrive, de la fournaise qui est au milieu de vous pour vous éprouver." Ne pensez pas que c'est étrange. Cela doit arriver, c'est la cuisson du pain.

4. Il faut ensuite que ce soit parfaitement ordonné. Il faut qu'il y ait douze pains en deux rangs de six. Nous ne pouvons pas en avoir sept d'un côté et cinq de l'autre. Pour être honnête, je pense que c'est là que les charismatiques manquent de rigueur. Beaucoup d'entre eux n'ont aucun sens de l'ordre et de la discipline. J'ai été élevé en Angleterre dans une famille de militaires. Même si de bien des façons je me suis rebellé, j'ai acquis une certaine compréhension de la discipline. Sans elle, on ne peut pas être un disciple. Si vous pensez que cela n'a pas d'importance qu'il y en ait sept d'un côté et cinq de l'autre, vous ne pensez pas comme Dieu, qui dit six pains dans chaque rangée face à face. Non pas un mis d'une façon droite et l'autre de travers. C'est ainsi que votre volonté doit être. Par la même occasion, si votre volonté est ainsi, puis-je vous dire quelque chose? Votre lieu de travail, par exemple, doit aussi être de cette façon. Votre

bureau aussi, votre cuisine aussi. C'est impossible autrement. Si vous avez du mal à garder votre maison en ordre, regardez où se trouve le pain de proposition. Vous aurez la réponse.

5. Il doit être couvert par l'encens ce qui, dans l'Ecriture, est toujours le symbole de l'adoration. Chaque fois que vous voyez le mot "encens", c'est l'adoration. Vous ne répondez pas de façon timorée: "D'accord, Seigneur, si tu insistes, je le ferai." C'est: "Merci, Seigneur, je suis heureux de faire ta volonté. Béni soit Dieu, j'incline ma tête en signe de soumission et d'adoration. Ta volonté sera faite, Seigneur." Sur la terre comme au ciel, c'est le critère.

6. Nous avons déjà vu le sixième point, le pain doit être disposé en permanence devant la face de Dieu, jour et nuit, vingt-quatre heures sur vingt-quatre, sept jours sur sept. Dieu dit qu'il veut voir où se trouve le pain.

7. Il est entouré par une double couronne protectrice. Ce pain était si précieux qu'il n'avait pas seulement une couronne protectrice autour du dessus de la table, mais il avait une bordure avec une autre couronne; si des miettes tombaient de la première couronne, elles étaient récupérées dans la deuxième, évitant ainsi qu'elles tombent à terre. Il y a une double couronne autour de votre volonté et je crois vraiment que Dieu me montre ceci: j'ai demandé au Seigneur ce qu'était cette double couronne. Il m'a répondu: "Veiller et prier." C'est exactement cela. Lisons Luc 21:36a:

"Veillez donc et priez en tous temps (vingt-quatre heures sur vingt-quatre), afin que vous ayez la force d'échapper à toutes ces choses…"

Nous n'allons pas aborder ce thème, mais je vais tout de même souligner une vérité. Vous n'étiez pas digne d'être sauvé. Etes-vous d'accord avec ce fait? Mais vous devez être digne d'échapper au jugement. Vous devez vivre de telle sorte qu'il serait injuste de la part de Dieu de mettre sur vous le jugement qui doit venir sur les païens. Ainsi la grâce doit vous rendre juste dans la vie. Veillez et priez en tous temps, afin que vous ayez la force d'échapper à toutes ces choses.

Jésus a dit les mêmes mots à ses disciples endormis dans le jardin: "Veillez et priez." Il a dit: "L'Esprit est bien disposé, mais la chair est faible. Vous dites que vous me suivrez toujours mais, si vous ne veillez pas et que vous ne priez pas, vous serez pris par surprise." Malheureusement, cela est arrivé. C'est donc la double couronne protectrice qui garde le pain à sa place. Veillez et priez.

8. Tous les sept jours, il fallait mettre du pain frais. Il faut régulièrement consacrer de nouveau sa volonté à Dieu. Smith Wigglesworth a dit que toute nouvelle révélation demande une nouvelle consécration. Et c'est vrai. Chaque fois que Dieu vous montre une nouvelle vérité, une nouvelle tâche, il faut que le pain frais soit mis sur la table.

Le chandelier d'or

Nous en arrivons au chandelier à sept branches, seule source de la lumière, que je relie à l'intelligence. Le chandelier et le chérubin étaient faits d'or battu. Tout le reste dans le tabernacle était en or pur. Je comprends que l'or pur est la nature divine, l'or battu est le travail divin. Les chérubins étaient des êtres créés; l'intelligence est une création de Dieu. Lorsque nous parlons d'or battu, cela m'évoque un processus de mise en forme, de façonnage; c'est le fait d'amener notre travail en conformité avec un certain modèle. Je crois que cela demande deux choses à notre intelligence: de l'étude et de la discipline. Le chandelier de votre intelligence (la lampe) pour être comme

Dieu le désire doit être battu. Il doit être façonné, formé. Lisons 2 Corinthiens 10:5:

"Nous renversons les raisonnements et toute hauteur qui s'élève contre la connaissance de Dieu, et nous amenons toute pensée captive à l'obéissance de Christ."

C'est évidemment dans le domaine de l'intelligence. Par nature, nos pensées sont inimitié contre Dieu. Qu'est-il dit dans Romains 8? " ...parce que la pensée de la chair est inimitié contre Dieu." (Darby) Cet ennemi doit être rendu captif pour toute pensée à l'obéissance de Christ. C'est le façonnage du chandelier d'or.

Savez-vous quand votre intelligence est captive? Quand tout ce que vous pensez est en accord avec l'Ecriture. Quand toutes vos pensées sont en accord avec ce que dit la Bible, vous avez une intelligence captive, dans le bon sens du terme. Parce que mon arrière-plan est philosophique, je crois que j'ai probablement eu plus de problèmes avec mon intelligence que la plupart des chrétiens. Dieu m'a montré que c'était le point faible de ma vie chrétienne. Il m'a dit que j'avais besoin de protection pour mon intelligence et m'a montré à travers 1 Thessaloniciens 5:8 que c'est le casque du salut. Il m'a également montré que le monde entier est éloigné de Dieu à cause de l'attitude de son esprit. Il est en guerre contre Dieu dans son intelligence. L'un des grands ministères de l'Evangile est d'amener l'intelligence des hommes captive à l'obéissance de Christ. Dieu m'a dit: "Tu devrais d'abord commencer par ta propre intelligence." Je l'ai fait. Là où je suis arrivé, Dieu le sait, mais j'ai une intelligence différente de celle que j'avais il y a vingt-cinq ans. C'est certain, j'ai changé; j'ai délibérément façonné le chandelier pour amener chaque pensée captive. Je ne proclame pas que j'ai fini, mais j'ai parcouru un certain chemin. Je peux regarder en arrière et voir comment c'était avant et comment c'est maintenant. C'est un processus que tous les chrétiens doivent connaître. C'est le façonnage du chandelier de l'intelligence.

"La révélation de tes paroles éclaire, elle donne de l'intelligence aux simples." (Psaume 119:130)

La lumière est liée à la compréhension. C'est le domaine de l'intelligence. Dans Ephésiens 4:23, nous voyons que la compréhension est un processus spirituel:

"... à être renouvelés (soyez continuellement et progressivement renouvelé) dans l'esprit de votre intelligence..."

La compréhension vient de l'abandon de votre intelligence au Saint-Esprit. Quand ce dernier prend le contrôle de votre intelligence, il vous met au diapason avec le livre qu'il a écrit, la Bible. Quand le Saint-Esprit captive votre intelligence, cette dernière s'accorde avec l'Ecriture en tout point. C'est un processus spirituel. Dans Philippiens 2, nous voyons que Christ a aussi posé le modèle pour l'intelligence comme il l'a fait pour la volonté:

"Qu'il y ait donc en vous cette pensée qui a été aussi dans le Christ Jésus ..." (Philippiens 2:5, Darby)

Apprenez à penser comme Jésus. Si vous continuez, dans le même contexte vous verrez que le mot clé est l'humilité.

"... lequel, existant en forme de Dieu, n'a point regardé comme une proie à arracher d'être égal avec Dieu..." (verset 6)

Il s'est humilié jusqu'à la mort sur la croix. C'est la pensée qui était en Jésus. C'est le processus qui consiste à amener votre intelligence fière et bornée à la captivité, à l'obéissance, à l'humilité et à la mort sur la croix. L'intelligence doit passer par la crucifixion. C'est la fin du processus. Une intelligence crucifiée ne discute pas avec Dieu, ne dit pas "mais", elle dit "amen".

Je parlais récemment à une femme. J'essayais de lui donner les références de tous les passages qui pourraient l'aider. Chaque fois que j'en citais un, elle me disait: "Mais…" Je lui ai dit que, tant qu'elle dirait ce mot, je ne pourrai pas l'aider. Le "mais" vient de la chèvre. C'est toute l'intelligence charnelle qui s'oppose à Dieu, qui discute avec lui. La Bible dit dans Romains 9:20: "O homme, toi plutôt, qui es-tu pour contester avec Dieu? Le vase d'argile dira-t-il à celui qui l'a formé: Pourquoi m'as-tu fait ainsi?" Qui êtes-vous pour discuter avec Dieu? Souvenez-vous, vous êtes l'élève, il est l'enseignant.

Celui qui donne la lumière et la compréhension à l'intelligence, c'est le Saint-Esprit. Dans Apocalypse 1:4, le Saint-Esprit est comparé à un être à sept formes.

"Jean aux sept églises qui sont en Asie: Que la grâce et la paix vous soient données de la part de celui qui est, qui était, et qui vient, et de la part des sept esprits qui sont devant son trône…"

C'est le Saint-Esprit. Lisons encore Apocalypse 4:5, simplement pour que vous voyez bien qu'il ne s'agit pas d'une erreur:

"Du trône sortent des éclairs, des voix et des tonnerres. Devant le trône brûlent sept lampes ardentes, qui sont les sept esprits de Dieu."

Je crois que le Saint-Esprit est un. Ne me traitez pas d'hérétique! Je pense qu'il est possible d'être un et sept en même temps, tout comme je crois que Dieu est un et tripartite, c'est-à-dire trois en un. Nous en avons une merveilleuse image dans la nature avec l'arc-en-ciel. La lumière réfractée sur les

71

sept couleurs de l'arc-en-ciel est un symbole. Le Saint-Esprit est la lumière qui peut se manifester sous sept formes différentes: le rouge, l'orange, le jaune, le vert, le bleu, l'indigo et le violet. Quelles sont les sept formes ou manifestations du Saint-Esprit en rapport avec l'intelligence? Je crois qu'elles nous sont clairement données dans Esaïe 11:1-2. C'est une prophétie claire de Jésus, le Messie:

"Puis un rameau sortira du tronc d'Isaï, et un rejeton naîtra de ses racines. L'Esprit de l'Eternel reposera sur lui: Esprit de sagesse et d'intelligence, Esprit de conseil et de force, Esprit de connaissance et de crainte de l'Eternel."

Dans le deuxième verset, vous avez les sept formes du Saint-Esprit. Le premier est unique: l'Esprit de l'Eternel, Jéhovah. L'Esprit parle à la première personne en tant que Dieu tout-puissant. Dans Actes 13:2b, le Saint-Esprit dit à l'église d'Antioche: "Mettez-moi à part Barnabas et Saul pour l'œuvre à laquelle je (Dieu) les ai appelés." Le Saint-Esprit est Dieu. Le Père est Seigneur, le Fils est Seigneur, l'Esprit est Seigneur.
Dans 2 Corinthiens 3:17a nous lisons:

"Or, le Seigneur c'est l'Esprit."

C'est l'Esprit qui est Seigneur.
Nous avons ensuite trois paires qui vont ensemble: l'Esprit de sagesse et de compréhension, l'Esprit de conseil et de force, et l'Esprit de connaissance et de crainte de l'Eternel. J'ai rapproché ces trois paires des sept branches du chandelier d'or. Celle du centre a quatre calices et les autres n'en ont que trois. La tige centrale qui a quatre calices est l'Esprit qui est le Seigneur, l'Esprit du Seigneur. Vous avez ensuite des paires qui partent de la tige, sagesse et intelligence, conseil et force, connaissance et crainte de l'Eternel. Elles sont liées. Si vous avez la sagesse, vous devez aussi avoir de l'intelligence. Vos devez avoir de la perception, du discernement. Si vous avez le

conseil, vous devez avoir la force pour la rendre efficace. Si vous avez de la force, il vaut mieux avoir le conseil afin de ne pas faire n'importe quoi de votre force. Si vous avez la connaissance, vous avez absolument besoin de la crainte de l'Eternel pour vous garder humble. La connaissance enfle.

Remarquez l'affirmation particulière faite à propos de l'œuvre du Saint-Esprit dans la vie de Jésus: "Il respirera la crainte de l'Eternel... (en anglais: "il comprendra rapidement dans la crainte de l'Eternel")."

Je ne peux que souligner que, lorsque vous êtes baptisé du Saint-Esprit, vous devriez avoir davantage la crainte de l'Eternel qu'avant. Si tel n'est pas le cas, je me pose des questions quant à la valeur de votre expérience parce que, lorsque le Saint-Esprit est venu sur Jésus, cela lui a permis d'avancer rapidement dans la crainte de l'Eternel. Cela doit être pareil pour nous, autrement il vaut mieux s'abstenir des dons. Si vous avez la connaissance sans la crainte de l'Eternel, vous êtes au bord du précipice et vous y tomberez.

Voyons encore deux choses. L'illumination de l'intelligence dépend de l'abandon de notre volonté. Vous ne pouvez pas avoir l'intelligence éclairée tant que vous n'abandonnez pas votre volonté. L'intelligence éclairée révèle toujours l'état de la volonté. Le chandelier était face à la table.

Si votre volonté ne fonctionne pas correctement, votre intelligence éclairée vous le révélera et s'en ressentira. Vous vous retrouverez alors dans l'obscurité. Au lieu d'avoir une véritable révélation, vous en aurez une fausse. Jésus a dit, dans Matthieu 6:23b: "Si donc la lumière qui est en toi est ténèbres, combien seront grandes ces ténèbres!" Le lieu de révélation est le saint des saints; c'est ce vers quoi nous tendons. Pour recevoir la véritable révélation, nous devons être correctement reliés au saint des saints. Si nous n'avons pas une bonne relation avec la source de révélation, nous aurons une fausse révélation. C'est l'ordre de la révélation divine et de la direction de Dieu pour le croyant. C'est l'Esprit de Dieu qui contrôle et qui œuvre dans l'esprit du croyant, qui contrôle l'âme du croyant, qui contrôle le corps du croyant. Comme pour tout, l'initiative, la source, c'est Dieu et cela doit descendre directement. Cela dépend entièrement de la volonté abandonnée à Dieu.

Si votre volonté se rebelle et s'insurge, cette ligne est de travers et vous êtes ouvert à de fausses révélations qui ne viendront pas vers l'esprit, mais qui viendront vers l'âme qui n'est pas couverte par la soumission à l'Esprit. L'ordre, c'est la soumission; prenez la bonne place. Le corps doit être soumis à l'âme, l'âme doit être soumise à l'esprit, l'esprit doit être soumis à l'Esprit de Dieu. Tant que votre volonté est à la bonne place, votre relation sera bonne. Si elle n'est pas à la bonne place, alors vous aurez une autre sorte de révélation venant des démons. Le temps ne nous permet pas d'entrer dans les détails, cependant lisons Jacques 3. Ce n'est ni abstrait ni lointain, mais très concret:

"Lequel d'entre vous est sage et intelligent? Qu'il montre ses œuvres par une bonne conduite (ce qui signifie une bonne façon de se comporter) avec la douceur de la sagesse. Mais si vous avez dans votre cœur un zèle amer et un esprit de dispute, ne vous glorifiez pas et ne mentez pas contre la vérité." (versets 13-14)

Nous avons les deux sortes de sagesse. La sagesse qui vient d'en haut vient du saint des saints. Nous avons la sagesse qui ne vient pas d'en haut et les deux s'opposent.

"Cette sagesse n'est point celle qui vient d'en haut (elle ne vient pas du lieu saint); mais elle est terrestre, charnelle (qui vient de l'âme), diabolique." (verset 15)

Voici comment tant de personnes ont une fausse révélation et une fausse direction. La volonté insurgée rend cette ligne de travers. De telles personnes ne reçoivent plus leur révélation du lieu saint, car elle vient d'un mauvais angle parce que leur volonté est mal dirigée; elle est terrestre, charnelle, démoniaque. Si vous lisez le contexte, il est parfaitement clair que Jacques écrivait à des chrétiens baptisés de l'Esprit.

"Car là où il y a un zèle amer et un esprit de dispute, il y a du désordre et toutes sortes de mauvaises actions." (verset 16)

N'ayez pas de réunion de prière chez vous si vos voisins vous entendent vous disputer avec votre conjoint presque tous les soirs dans la cuisine. Vous dites que vous avez tout et les voisins veulent le voir. Comment ça, tout? Cette sagesse ne vient pas d'en haut, mais est terrestre, charnelle, démoniaque.
Quelle est la sagesse qui vient d'en haut?

"La sagesse d'en haut est premièrement pure…" (versets 17-18)

Remarquez qu'il est dit par deux fois à propos du pain de proposition sur la table qu'il est pur, sur la table pure avec de l'encens pur.

"… ensuite pacifique, modérée, conciliante, pleine de miséricorde et de bons fruits, exempte de duplicité, d'hypocrisie."

Nous ne pouvons pas nous étendre sur ce sujet; j'aimerais cependant simplement vous montrer l'importance de la relation entre tout cela et notre expérience spirituelle.

L'autel d'or des parfums

Si nous étudions l'autel des parfums, nous voyons qu'il faisait quatre coudées en carré et deux coudées de haut. Il avait des cornes sur le dessus, une corne à chaque coin de l'autel. Il y avait un feu qui brûlait à l'intérieur et aucun corps ni aucun animal n'était offert en sacrifice; seul l'était le parfum spécial composé selon une formule spéciale et dont toute copie était interdite pour tout autre usage que l'autel des parfums. Nous pouvons dire que l'autel des parfums représente le lieu d'adoration dans la vie du chrétien. Il y a une adoration que nous donnons à Dieu et que nous ne devons offrir à aucun autre. Ne devenez pas des adorateurs de prédicateurs, parce que c'est mal utiliser le parfum qui n'appartient qu'à l'autel droit devant vous sur le chemin de la présence de Dieu.

Voyons les huit caractéristiques de l'autel d'or des parfums. Nous parlons là de nos émotions. Souvenez-vous que Dieu, selon son ordre, traite d'abord notre volonté, puis notre intelligence; ensuite il est prêt à nous libérer dans nos émotions.

1.   Si vous contrôlez vos émotions, alors elles sont bonnes. Si vos émotions vous contrôlent, c'est qu'elles sont mauvaises. C'est la volonté qui le détermine. Je peux danser et me laisser aller, peut-être plus encore que certains. Mais ce ne sont pas mes émotions qui me poussent à le faire, c'est ma volonté. J'ai appris à être conduit spirituellement. Je ne peux pas permettre à mes émotions de me dominer. En un sens, moins je suis émotif, plus je suis spirituel. Cela ne veut pas dire que je parais sans émotion. Vous pouvez dire: "Nous n'avons jamais su que le frère Prince sautait un mètre en l'air!" Je peux le faire et je le fais parfois. Mais ce ne sont pas mes émotions qui me poussent à le faire. Je ne sous-estime pas les émotions; elles doivent cependant rester à leur place.
Je crois que vous pouvez donner libre cours à vos émotions quand votre volonté et votre esprit ont été traités. Si vous le faites autrement, vous êtes esclave de vos émotions.
L'autel d'or avait quatre côtés, qui étaient de dimensions égales. Cela signifie que vos émotions doivent être équilibrées et que vous ne devez pas avoir un genre

d'émotion dominant. Vous ne devez pas être trop larmoyant ou trop rieur, mais équilibré de tous les côtés.

2. Il était protégé par une couronne. La table des pains de proposition avait deux couronnes; l'autel d'or des parfums en avait une. Quelle est la couronne qui nous protège des émotions? C'est la maîtrise de soi. Souvenez-vous, vous êtes responsable de vos émotions. Ne les laissez jamais prendre le dessus sur vous.

3. Le feu nous parle d'intensité, de pureté, de passion de l'âme. Cela devrait nous dire que Dieu ne veut pas que nous soyons sans émotion, il veut que nous soyons passionnés. Mais c'est une passion contrôlée, purifiée, dirigée. Catherine Booth, fille de William Booth, a dit une fois: "Jésus nous aime passionnément et il veut être aimé passionnément." Il le fait. La passion fait partie de la sainteté, mais il faut qu'elle s'inscrive dans une bonne relation et sous les bons contrôles.

4. Le parfum nous parle de la dévotion devenue odorante par l'épreuve du feu. L'encens est un morceau noir, sans intérêt jusqu'à ce que vous le déposiez sur le feu. Alors il devient merveilleusement odorant. Cela agit à l'inverse du miel qui est doux et plaisant et qui, si vous le mettez au feu, devient collant et se transforme en une masse noire. Dieu dit, dans Lévitique 2:11, qu'il ne veut pas de miel dans les offrandes à l'Eternel faites par le feu. Pas de paroles douces et de jolies phrases qui ne tiennent pas à l'épreuve du feu.

Beaucoup de gens viennent me dire de gentilles choses et parfois je me demande si c'est de l'encens ou du miel qu'on m'a donné. Je n'ai pas à m'inquiéter, parce que le feu éprouvera l'œuvre de chacun.

5. La fumée qui monte est belle et odorante. Cette fumée blanche est l'adoration exprimée dans la louange et l'adoration. Je vais essayer de faire la distinction entre les deux très rapidement après avoir énuméré les huit points

6. Les cornes de l'autel d'or des parfums devaient tous les ans, le jour de l'expiation, être purifiées par le sang du sacrifice propitiatoire. Autrement dit, notre adoration doit toujours reconnaître que nous n'avons accès à Jésus que par son sang. Si nous offrons une adoration qui n'est pas à travers le sang de Jésus, elle est totalement inacceptable pour Dieu.

7. L'autel doit être sanctifié par le sang. C'était l'élément le plus haut parmi le mobilier: deux coudées de haut et en plus les cornes au-dessus, ce qui faisait qu'il atteignait approximativement le niveau des chérubins sur le propitiatoire. Quand nous nous lançons dans la louange et l'adoration, nous nous élevons comme la fumée de l'encens au plus haut niveau spirituel.

8. C'est le point de transition de l'âme vers l'esprit, du lieu saint au saint des saints. Il n'y a pas d'autre façon que celle de la louange et de l'adoration.

Pour revenir rapidement à cette distinction entre la louange et l'adoration, je me suis souvent interrogé sur la bonne relation entre la louange et l'adoration. Je ne vais certainement pas tout vous dire, mais je vais vous proposer ces quelques réflexions. La louange est essentiellement une expression de voix; elle est notre réponse à l'amour de Dieu. L'adoration est essentiellement une attitude. Chaque mot que je connais en grec ou en hébreu traduisant l'adoration implique dans son fondement une attitude: courber la tête, courber le corps ou se prosterner, ou lever les mains. Chaque mot qui se rapporte à l'adoration est un mot qui décrit une posture. Je crois qu'il est juste de dire que l'adoration est d'abord une attitude et que c'est notre réponse à la sainteté de Dieu. Nous nous prosternons devant la sainteté du Dieu tout-puissant.

Qu'est-ce que la sainteté? Voici une façon simple de le dire: "La sainteté, c'est l'amour qui s'unit à la justice." Ainsi l'amour dit: "Viens", et la justice dit: "Ne viens pas"; c'est la tension de la vie spirituelle. Nous devons trouver un chemin pour satisfaire les revendications de la justice afin que nous puissions nous approcher de l'amour.

Je vous l'ai déjà dit, nous en arrivons à bien utiliser nos émotions seulement lorsque nous amenons notre volonté et notre esprit dans la ligne de l'exigence de Dieu. Beaucoup d'entre vous pensent peut-être que c'est une étude plutôt sèche. Je reste délibérément dans le cadre de certaines limites. En fait, je me discipline beaucoup plus que vous parce que j'aurais pu partir dans cinq tangentes sur moult choses dont j'ai parlé. Je le fais exprès pour votre bien. Si vous entrez dans cette discipline mentale, la récompense sera grande. Si vous ne vous y soumettez pas, je ne peux pas vous offrir grand-chose de la part de Dieu.

DEUXIÈME PARTIE

DERRIÈRE LE SECOND VOILE

CHAPITRE CINQ

Le saint des saints

Si nous résumons ce que nous savons déjà, nous avons vu que les trois fonctions de l'âme sont la volonté, l'intelligence et les émotions. Nous avons symbolisé la volonté par le pain de proposition, l'intelligence par le chandelier d'or, les émotions par l'autel d'or des parfums. Le pain est le symbole de la force. Le pain qui soutient le cœur de l'homme, comme le dit le Psaume 105: "Et votre volonté est la source de votre force." C'est par votre volonté que Dieu commence; non par vos émotions, non par votre intelligence, mais par votre volonté.

Vous le ressentez peut-être. Les gens n'aiment pas qu'on mette de côté les émotions, et j'espère que vous me comprenez bien. Dans Esaïe 55:10-11, la parole de Dieu est comparée à deux choses: à la pluie et à la neige: "Comme la pluie et la neige descendent des cieux [...] ainsi en est-il de ma parole", dit l'Eternel. Il est facile de recevoir la pluie, il n'est pas aussi aisé de recevoir la neige. La parole de Dieu peut être les deux.

Je me souviens qu'une fois je roulais à bord d'un bus dans l'Ontario au Canada. J'allais de Toronto à London (n.d.t.: ville des Etats-Unis) et je regardais la neige qui couvrait les champs en pensant qu'en dessous la terre était plus dure que jamais à cause de la neige. On avait du mal à imaginer que la neige allait aider à produire des récoltes, de la croissance et de la vie. Un peu plus tard, quand le soleil sera devenu plus chaud et que la température aura augmenté, cette neige fondra et on dit que l'eau venant de la neige est encore meilleure pour fertiliser que l'eau de pluie. Cela permet à la terre de produire des bourgeons.

Le fait de recevoir la parole de Dieu comme la pluie ou la neige dépend de votre climat spirituel. Si vous vivez dans un climat spirituel chaud, elle tombera sous forme de pluie. Si vous vivez dans un climat spirituel plus froid, à certaines saisons elle tombera parfois sous forme de neige et vous direz: "Je n'aime pas cela! C'est dur, je ne me sens pas bien." Laissez-la au sol deux ou trois mois et, quand le climat changera, elle fondra, vous fertilisera et vous rendra fécond.

Je suis bien conscient que je dis des choses qui ne plaisent pas à tous les charismatiques; ce sont presque des paroles mortelles pour eux. Puis-je prononcer un "mot grossier" pour les charismatiques? "Discipline." La discipline est l'élément suivant dans l'agenda de Dieu pour beaucoup de charismatiques. Mais elle n'est pas la bienvenue.

Si ce que je vous dis semble être comme de la neige, que vous vous sentiez mal et que vous ayez froid, ne vous inquiétez pas. Quand vous serez un peu réchauffé, elle fondra. Pendant ce temps, laissez-la où elle est. Ne la balayez pas, elle fondra; cela fonctionne!

Certaines personnes me considèrent comme insensible. Si vous le pensez, c'est que vous ne me connaissez pas. Mon problème est que je suis trop émotif. J'ai peur de mes émotions parce que je sais combien elles m'ont créé de problèmes par le passé. Je ne veux pas être dirigé par mes émotions, je veux les dominer. Je veux arriver à les libérer sans les restreindre, en sachant qu'elles sont purifiées et bien dirigées. Si je les libère avant, je sais que j'aurai toutes sortes de problèmes.

Passons de la volonté à l'intelligence aux émotions. Dieu doit commencer par la volonté, maintenant elle est sous contrôle. Beaucoup de gens ne peuvent pas contrôler immédiatement leurs émotions. Les émotions vous submergent, vous ne pouvez ni leur résister ni les changer; elles vous accablent. Mais il y a un domaine dans lequel vous pouvez commencer à agir dès maintenant, celui de votre volonté. Vous pouvez prendre une décision avec votre volonté.

Le pardon est un bon exemple. Ne vous attendez pas à ressentir le pardon. Il n'est pas une émotion, mais une décision. Nous avons laissé passer tant de choses dans le domaine de l'émotion alors qu'elles appartiennent au domaine de la décision. Commencez par exercer votre volonté, mettez le pain sur la table bien aligné et exposez-le à la foi du Dieu tout-puissant. C'est le pain de la foi. Jour et nuit, vingt-quatre heures sur vingt-quatre, sept jours sur sept, Dieu demande à voir votre volonté exposée toute nue devant lui. Il sait quand un pain n'est pas à sa place. Il sait quand il y a de l'encens qui manque sur un pain.

Cela vous effraie peut-être… personnellement cela ne m'effraie pas. Je peux dire que je me suis exposé à Dieu. Il n'y a rien de moi que Dieu ne sache pas. Je ne cherche pas à lui cacher quoi que ce soit. Ce serait idiot de le faire. J'ai volontairement exposé ma vie entière devant lui. Il n'y a rien en moi qu'il ne puisse examiner. Je n'ai pas peur de ceci: "Seigneur, regarde s'il y a quelque chose que tu n'aimes pas; dis-le-moi et je le changerai." Je serai un avec la volonté de Dieu. Beaucoup de gens voient l'obéissance comme une chose effrayante. Il y a plus effrayant que l'obéissance, c'est la désobéissance. La fin est désastreuse.

Nous présentons donc notre volonté. Elle est moulue finement comme la farine, pétrie selon la forme que Dieu veut lui donner. Elle est passée à travers le feu de l'épreuve, recouverte d'encens, mise en ordre sur la table entourée par une double couronne de veille et de prière. Gardez votre volonté dans le droit chemin.

Le chandelier d'or, ou la lampe, symbolise l'intelligence. Ses sept branches doivent être remplies de l'huile du Saint-Esprit. Soyez renouvelé dans votre intelligence. Laissez le Saint-Esprit venir en vous et remplir chaque aspect de votre vie mentale. Laissez-la être illuminée. Souvenez-vous que c'est l'Esprit et la Parole. L'Esprit de Dieu n'œuvre jamais en dehors de la parole de Dieu. Le Psaume 33:6 est un verset clé:

"Les cieux ont été faits par la parole de l'Eternel, et toute leur armée par le souffle de sa bouche."

Dieu parlait et, quand la parole était unie à l'Esprit, il y avait la lumière. Quand la parole de Dieu s'unit avec l'Esprit de Dieu dans votre intelligence, il y a la lumière.

"La révélation de tes paroles éclaire, elle donne de l'intelligence aux simples." (Psaume 119:130)

Quand la lumière vient, elle brille sur la table et révèle l'état de votre volonté. C'est pourquoi certaines personnes ne veulent pas la lumière, parce qu'elle révélerait une volonté rebelle.

Passons aux émotions. Nous pourrions dire qu'elles représentent le tiers de notre nature charnelle. Dire qu'il n'y a pas de place pour les émotions dans la vie chrétienne reviendrait à envisager une personne incomplète en laissant de côté un tiers de sa personnalité humaine, ce qui serait ridicule. Je crois que l'ordre est significatif. Les émotions viennent en troisième place quand Dieu traite l'âme. Ne les laissez pas vous diriger. Ne croyez pas vos émotions quand elles vous disent une chose et que Dieu vous en dit une autre. N'en soyez pas esclave. Vos émotions sont de bons serviteurs, mais de mauvais maîtres. Ne les laissez pas vous gouverner. Soyez dirigé par votre volonté, par votre compréhension, par votre connaissance de la parole de Dieu; vos émotions deviendront alors comme l'autel d'or, elles seront carrées, équilibrées. Il existe une autre couronne; celle qui garde vos émotions en ordre est la maîtrise de soi. Vous ne devez pas les laisser aller, vous devez les maîtriser.

Quand vous éduquez un enfant, ne le laissez jamais piquer une crise de colère, parce qu'un démon en profitera. Savez-vous quel est le problème? Vous ne pouvez pas discipliner vos enfants tant que vous-même ne l'êtes pas. Si vous ne disciplinez pas vos émotions, vous ne pouvez pas discipliner vos enfants. C'est impossible. Les enfants aiment bien jouer avec les émotions de leurs parents. Ils apprennent dès l'âge de deux ans environ à exploiter votre réaction émotionnelle pour obtenir ce qu'ils veulent de vous. Si vous n'avez pas une couronne autour de l'autel des parfums, vous ne serez jamais stable. Je vous le dis, je ne fais pas confiance à mes sentiments. Et vous? Qui plus est, je vais vous dire autre chose: je n'ai pas non plus confiance dans les vôtres!

Je pourrais dire beaucoup de choses à propos de l'émotivité. Un proverbe anglais dit: "Les eaux calmes coulent en profondeur." Je ne suis pas impressionné par un déballage d'émotion. Je vous le dis, en tant que prédicateur j'ai appris à être un peu cynique à propos des expressions émotionnelles. Elles vous embrassent aujourd'hui et demain elles vous poignardent, tout comme Judas a trahi Jésus par un baiser. Je ne veux pas dire que les émotions sont forcément hypocrites, mais je ne leur fais pas confiance.

Je fais confiance à celui dont la volonté est abandonnée, à celui qui est discipliné, à un homme qui n'aura pas changé entre le lundi et le mardi matin, à un homme qui fait une promesse et qui la tient. J'aime la fiabilité. C'est l'un des fruits de l'Esprit. Le saviez-vous? Cela s'appelle "la foi", mais cela devrait s'appeler "la fidélité". Ne vous méprenez pas, je ne sous-estime pas l'émotion. Le mot que j'aime utiliser est "passion". C'est le terme le plus fort que je connaisse pour "émotion". Jésus nous aime passionnément et il veut être aimé passionnément. Dieu veut une adoration passionnée, une louange passionnée, une consécration passionnée. Vous ne pouvez la lui donner si vous n'êtes pas discipliné.

J'ai entendu un jour ma première épouse dire à l'une de ses sœurs: "Quand j'ai adopté un enfant, je ne l'ai pas fait pour quelques semaines, quelques mois, mais je lui ai consacré ma vie." Je dirais que, chaque fois que ma femme a accepté de prendre la responsabilité de quelqu'un, elle l'a aimé jusqu'au bout.

Jésus ayant aimé les siens qui étaient dans le monde les a aimés jusqu'à la fin. Ce n'était pas facile pour lui d'aller à la croix. Qu'est-ce qui lui a permis de le faire? Etait-ce l'émotion? Non. C'était sa volonté. Il s'est endurci et il y est allé. C'est grâce à cette sorte de consécration que l'œuvre se fait.

Sur cet autel des parfums, le mélange spécial, l'encens odorant composé spécialement pour cela, était brûlé. Il montait comme un glorieux nuage qui remplissait le tabernacle d'une sensation odorante.

L'arche et le propitiatoire

Nous arrivons maintenant au lieu de transition entre le lieu saint et le saint des saints, du royaume de l'âme à celui de l'esprit qui est le saint des saints, le domaine de l'Esprit. Nous lisons dans Lévitique 16 que l'accès au second voile se fait de deux façons. Il nous est parlé des cérémonies du jour de l'expiation, seul jour de l'année où le souverain sacrificateur était autorisé à être derrière le deuxième voile. Il venait avec le sang de l'autel d'airain, avec un encensoir rempli de charbons ardents et de l'encens de l'autel des parfums. L'accès au saint des saints se fait tout d'abord par le sang du sacrifice éternel, ensuite par l'encens de la louange et de l'adoration. Sans adoration, je ne crois pas que nous ayons accès au saint des saints. Tant que nous n'avons pas appris à adorer, nous sommes confinés dans le domaine de l'âme. La seule façon de sortir pour aller vers le royaume spirituel est à travers une louange sanctifiée par le sang.

Dans le saint des saints, royaume de l'Esprit, deux éléments occupaient une seule et même place: l'arche et, sur l'arche, le propitiatoire avec un chérubin à chaque angle. Les trois activités de l'Esprit, l'adoration, la communion et la révélation, n'ont de sens qu'en relation directe avec Dieu. Quand votre esprit est séparé de lui, il est mort à moins qu'il ne soit uni à Dieu. Votre âme peut agir sans relation directe avec Dieu, mais votre esprit ne devient vivant qu'à son contact.

Lorsque votre esprit est séparé de Dieu, il est mort, il est dans les ténèbres, il est aveugle. Toutes les activités de l'Esprit, l'adoration, la communion et la révélation, n'ont donc de sens qu'en relation avec Dieu lui-même.

L'arche, c'est Christ révélé à l'Esprit, ou Christ dans votre esprit, puisque votre esprit est le saint des saints. Il y a un lieu en vous dans lequel Christ doit habiter en Esprit. L'arche dans la Bible est toujours le symbole de Christ. Il y a deux arches principales parmi celles que nous connaissons: la grande arche de Noé et la petite arche de Moïse. La grande arche, c'est vous en Christ. La petite arche symbolise Christ en vous. Elles sont toutes deux en relation avec le Nouveau Testament.

Pour le salut, nous entrons en Christ par la foi. Dieu ferme la porte, comme il ferme celle de l'arche; en Christ vous passez à travers les eaux du baptême qui est une part essentielle du salut intégral. C'est par les eaux que vous êtes séparé du monde païen et propulsé dans un nouveau monde, une nouvelle alliance, un nouveau sacrifice et une nouvelle loi. C'est l'image la plus vivante du baptême d'eau que je connaisse dans la Bible. Vous entrez en Christ, l'arche, et passez par lui dans les eaux du baptême pour en ressortir et commencer une nouvelle vie. Romains 6:4 dit:

"Nous avons donc été ensevelis avec lui par le baptême en sa mort, afin que, comme Christ est ressuscité des morts par la gloire du Père, de même nous aussi nous marchions en nouveauté de vie."

C'est la grande arche. Voici la petite arche qui est Christ en vous, l'espérance de la gloire. Galates 2:20a dit:

"J'ai été crucifié avec Christ; et si je vis, ce n'est plus moi qui vis, c'est Christ qui vit en moi."

C'est l'autre relation. L'arche, comme tous les bois du tabernacle, était faite d'acacia. L'acacia est un bois incorruptible; il était bordé à l'intérieur et à l'extérieur d'or. Le bois symbolise l'humanité de Jésus, l'or symbolise sa divinité. C'est une combinaison parfaite de véritable humanité et de véritable divinité. L'arche contenait trois éléments:

"La première alliance avait aussi des ordonnances relatives au culte, et le sanctuaire terrestre." (Hébreux 9:1)

C'est un sanctuaire dans ce monde; non pas un sanctuaire céleste, mais un sanctuaire dans ce monde, un modèle du ciel.

"Un tabernacle fut, en effet, construit. Dans la partie antérieure, appelée le lieu saint, étaient le chandelier, la table et les pains de proposition. Derrière le second voile se trouvait la partie du tabernacle appelée le saint des saints, renfermant l'autel d'or pour les parfums..." (versets 2-4a)

L'autel d'or pour les parfums était dans le lieu saint et il était le lieu d'entrée menant au saint des saints. Il était utilisé, son but était la voie menant au saint des saints après le second voile.

"... et l'arche de l'alliance, entièrement recouverte d'or. Il y avait dans l'arche un vase d'or contenant de la manne, la verge d'Aaron qui avait fleuri et les tables de l'alliance." (verset 4b)

Quand l'arche était dans le tabernacle de Moïse, elle comportait trois éléments: le vase d'or avec la manne, le bâton d'Aaron qui avait fleuri et les deux tables de l'alliance (les tables de pierre). Plus tard, le tabernacle a été remplacé par un autre bâtiment qui est devenu le lieu d'habitation de Dieu en Israël. C'était le temple bâti par Salomon. Quand l'arche a été amenée dans le temple de Salomon, son contenu était différent:

"Les sacrificateurs portèrent l'arche de l'alliance de l'Eternel à sa place, dans le sanctuaire de la maison, dans le lieu très saint, sous les ailes des chérubins. Les chérubins avaient les ailes étendues sur la place de l'arche et ils couvraient l'arche et ses barres par-dessus." (2 Chroniques 5:7-8)

Il y avait différents chérubins. Je ne veux pas entrer dans le détail, mais les chérubins étendaient leurs ailes au-dessus du lieu saint tandis que dans le tabernacle ils ne couvraient que le propitiatoire.

"On avait donné aux barres une longueur telle que leurs extrémités se voyaient à distance de l'arche devant le sanctuaire, mais ne se voyaient pas du dehors. L'arche a été là jusqu'à ce jour. Il n'y avait dans l'arche que les deux tables que Moïse y plaça en Horeb..." (versets 9-10)

Le vase d'or avec la manne et la verge d'Aaron ont été enlevés quand le tabernacle n'a plus été utile et que le Temple a été construit. Le tabernacle est une image de l'Eglise d'aujourd'hui: légère, mobile, temporaire. Tout a des barres, parce qu'il faut qu'elle soit prête à bouger. Elle peut être démontée, déplacée et rassemblée en quelques heures. C'est l'Eglise dans sa dispensation.

J'espère ne troubler personne dans sa théologie, mais je crois que le temple de Salomon est l'Eglise de l'âge à venir. Elle est établie, localisée, glorifiée et règne visiblement en puissance. Elle règne maintenant spirituellement. Deux choses vont être enlevées de l'arche: le vase d'or contenant la manne, qui est la manne cachée; elle ne sera plus cachée, et le bâton d'Aaron qui a fleuri sera ouvertement exposé. Les tables de pierre quant à elles resteront toujours dans l'arche. Il y a de grandes vérités dans tout cela.

Les deux tables de l'alliance représentent la loi éternelle, immuable et juste de Dieu. C'est par là que nous devons commencer. Il y a dans l'univers une loi qui est l'expression de

91

la propre justice de Dieu. Elle est aussi immuable que Dieu lui-même. Elle est éternelle. Elle est représentée par les deux tables de pierre. Le Psaume 40:8-9 nous parle de cette loi en relation avec Christ. C'est une citation de Jésus dans l'épître aux Hébreux:

"Alors je dis: Voici, je viens avec le rouleau du livre écrit pour moi. Je veux faire ta volonté, mon Dieu! Et ta loi est au fond de mon cœur."

Les deux tables de l'alliance dans l'arche symbolisent Christ ayant la loi de Dieu dans son cœur et qui ne dévie jamais de la loi éternelle de la justice de Dieu.

Dieu a offert ces tables de pierre pour la première fois à Israël; malheureusement le temps que Moïse descende de la montagne, Israël avait déjà violé le premier commandement par son idolâtrie. De colère, Moïse a jeté les tables qui se sont brisées. La fois suivante, Moïse est monté sur la montagne et Dieu lui a dit: "Fais de nouvelles tables et je vais y écrire avec mon doigt." La seconde fois, il n'a pas été autorisé à exposer les tables de pierre à Israël; il lui a été ordonné de les mettre dans l'arche. Elles ont ensuite été couvertes par le propitiatoire. A partir de là, quiconque essayait d'ouvrir le couvercle de l'arche était puni de mort. C'était donc la fin de l'homme qui essayait de garder la loi par ses propres efforts. Il a essayé une fois, a échoué avant que la loi ne descende de la montagne, et Dieu a décidé que c'en était fini. A partir de là il y aura une autre voie. Ce n'est pas vous qui gardez la loi, c'est Christ en vous avec la loi dans son cœur; c'est le seul chemin de la justice. Aucune chair ne sera justifiée aux yeux de Dieu par les œuvres de la loi. Ne revenez pas en arrière en vous tenant devant les tables de pierre en disant: "Seigneur, je vais le faire", parce que le diable vous convaincra de mensonge avant que les mots soient sortis de votre bouche. C'est un chemin de justice qui a été écarté une fois pour toutes. Ne soulevez jamais le couvercle de l'arche pour essayer de regarder ces tables de pierre.

Hébreux 8:10-11 décrit cette vérité de Christ qui porte la loi dans son cœur en nous. Dans Hébreux 8:8-9, nous voyons que Dieu met de côté la première alliance pour introduire la seconde:

"Car c'est avec l'expression d'un blâme que le Seigneur dit à Israël: Voici, les jours viennent, dit le Seigneur, où je ferai avec la maison d'Israël et la maison de Juda une alliance nouvelle, non comme l'alliance que je traitai avec leurs pères, le jour où je les saisis par la main pour les faire sortir du pays d'Egypte..."

Cette alliance est mise de côté parce qu'Israël l'a violée avant qu'elle ne soit finalisée.

"Mais voici l'alliance que je ferai avec la maison d'Israël, après ces jours-là, dit le Seigneur: Je mettrai mes lois dans leur esprit, et je les écrirai dans leur cœur; et je serai leur Dieu et ils seront mon peuple." (verset 10)

Voici la condition pour être le peuple de Dieu; il ne s'agit plus d'avoir la loi sur deux tables de pierre accrochées au mur, mais écrites dans vos cœurs. C'est ce qui fait de vous un membre du peuple de Dieu.

"Aucun n'enseignera plus son concitoyen, ni aucun son frère, en disant: Connais le Seigneur! Car tous me connaîtront ..." (verset 11a)

La connaissance de Dieu est directe et personnelle, Esprit à esprit.

"Mais celui qui s'attache au Seigneur est avec lui un seul esprit." (1 Corinthiens 6:17)

93

Dans 1 Corinthiens 9:20-21, Paul parle aussi de son ministère:

"Avec les juifs, j'ai été comme juif [...] avec ceux qui sont sous la loi, comme sous la loi [...] avec ceux qui sont sans loi, comme sans loi (quoique je ne sois point sans la loi de Dieu, étant sous la loi de Christ)..."

En réalité, ce n'est pas la bonne traduction. Il dit en fait ceci: "Je suis dans la loi en Christ." En effet, Christ est celui qui garde la loi pour moi. Quand Christ dirige mon cœur alors la loi de Dieu règne dans mon cœur par Christ. Ce n'est pas moi qui garde la loi, c'est Christ qui déverse sa pureté dans mon cœur. Je dépends totalement de lui. Christ en moi, l'espérance de la gloire.

Voyons à présent le deuxième élément qui se trouvait dans le tabernacle, le vase d'or avec la manne. Jean 6:48-50 nous en parle. Jésus déclare:

"Je suis le pain de vie. Vos pères ont mangé la manne dans le désert, et ils sont morts. C'est ici le pain qui descend du ciel, afin que celui qui en mange ne meure point."

Il dit clairement: "Je suis la véritable manne, le véritable pain qui descend du ciel." Puis il dit quelque chose de formidable:

"Comme le Père qui est vivant m'a envoyé, et que je vis par le Père, ainsi celui qui me mange vivra par moi." (verset 57)

Jésus a dit: "J'ai la vie par mon union avec le Père. Celui qui croit en moi aura la vie par l'union avec moi comme je l'ai par mon union avec le Père. Dans cette union avec moi, il se nourrira de moi. Je serai la manne cachée dans son cœur, et sur cette manne il se nourrira jour après jour."

Dans Apocalypse 2:17a, Jésus parle aux chrétiens de l'Eglise et leur donne cette promesse de la manne cachée:

"Que celui qui a des oreilles entende ce que l'Esprit dit aux églises: A celui qui vaincra je donnerai de la manne cachée..."

Ici, il s'agit de la manne du vase d'or. Nous nous nourrissons de Christ, la manne, par notre communion spirituelle intérieure avec lui. En nous nourrissant de lui, nous vivons par lui comme il vit par l'union avec son Père. C'est l'union spirituelle intérieure avec Christ par laquelle il devient la manne cachée dans notre cœur.

Puis nous avons le troisième élément, la verge d'Aaron qui a fleuri. Nous en trouvons le récit dans Nombres 17:1-10. L'autorité d'Aaron, comme souverain sacrificateur, le seul ayant le droit d'entrée dans le saint des saints, a été remise en cause par les dirigeants des autres tribus d'Israël. Dieu a dit: "Nous allons régler ce problème une fois pour toutes. Que le chef de chaque tribu d'Israël m'apporte sa verge." La verge était le symbole de l'autorité. Il en est toujours ainsi. Chaque homme a écrit son nom sur la verge et c'est alors que l'Eternel a dit à Moïse: "Mets les verges devant l'arche et laisse-les là. Reviens dans vingt-quatre heures pour les enlever." Il a pris les douze verges. Onze d'entre elles étaient pareilles, la douzième avait fleuri, des boutons avaient poussé et des amandes avaient mûri en vingt-quatre heures. Dessus était inscrit le nom d'Aaron. Dieu reconnaissait l'autorité d'Aaron.

La verge qui fleurit est le symbole de l'autorité, de l'attestation et de la révélation. Le nom qui est aujourd'hui inscrit n'est plus celui d'Aaron, mais celui de Jésus. Par la résurrection des morts, Dieu donnait raison à Jésus. Il a engendré des fleurs, des boutons et des amandes. La verge est donc l'attestation divine et vient par révélation divine. Quand vous avez une révélation et une attestation, vous avez l'autorité.

Quand vous pouvez dire: "Ainsi parle l'Eternel...", c'est de l'autorité. C'est être entré et ressorti avec la révélation.

Dans la plupart des écoles bibliques, on enseigne aux gens à prêcher. Ce qu'on ne leur enseigne en revanche pas, c'est comment écouter. Si vous n'avez rien à prêcher, pourquoi apprendre à prêcher? Si vous recevez quelque chose de Dieu, même si vous ne savez pas prêcher, les gens voudront vous entendre.

Nous avons donc l'image de ce qui se trouve à l'intérieur du saint des saints. Les trois éléments de l'arche symbolisent l'adoration. L'approche, c'est l'adoration. C'est par l'adoration que nous entrons. L'adoration n'est pas essentiellement une expression, c'est une attitude. Chaque mot que je connais en hébreu ou en grec qui est traduit par "adoration" indique une attitude du corps. Incliner la tête, courber le corps à partir de la taille et la prostration de tout le corps. L'adoration n'est pas d'abord la louange, mais les deux peuvent aller de paire. L'adoration est l'attitude avec laquelle nous nous approchons. L'adoration est liée à ces tables de pierre. C'est une soumission totale à la juste loi de Dieu qui ne change pas, qui ne se courbe pas, qui ne dévie pas. C'est une entière révérence quand nous nous approchons de Dieu.

Encore une fois, je dois dire sans vouloir critiquer que la "révérence" est un mot rarement mentionné chez les charismatiques. J'ai prêché durant un temps sur les principes de la prière. J'en ai sept, je crois que c'est bien, parce que c'est généralement là que je m'arrête. En prêchant récemment, le Seigneur m'a montré que je passais à côté de la chose la plus importante, que je n'avais même pas enseignée. Il a complètement réajusté ma pensée. A cette époque, j'écrivais un livre et j'ai dû tout recommencer. C'est quelque chose de très dur à faire pour moi. J'avais mes sept principes pour que les prières soient exaucées et il m'a dit: "Le premier principe est ton attitude quand tu t'approches de Dieu. Et tu ne l'as même pas mentionné."

Qu'en est-il de la prière du Seigneur? Elle ne commence pas par une demande, elle commence par une attitude. "Que ton nom soit sanctifié, que ton règne vienne, que ta volonté soit faite." Vous vous courbez toujours plus devant le Dieu tout-puissant, devant sa volonté, son royaume et son nom. La première moitié de la prière du Seigneur concerne l'accès à Dieu. Puis viennent les demandes. La plupart d'entre nous vont directement aux demandes sans se préoccuper de l'accès, qui est l'adoration. Si un homme adore Dieu et fait sa volonté, Dieu l'entendra. C'est une approche de Dieu. Et c'est la soumission à la loi éternelle, immuable de Dieu qu'il y a en Christ dans votre cœur. Dieu est un Dieu de justice totale.

De l'approche dans l'adoration naît la communion. Sans adoration, vous n'avez pas de communion. Dieu n'aura pas de communion avec quelqu'un qui s'approche de lui de façon irrévérencieuse ou à la hâte. Quand vous vous approchez dans l'adoration, vous entrez dans la communion. Vous commencez à vous nourrir de la manne cachée dans le vase d'or.

De l'adoration et de la communion vient la révélation de l'Esprit et de la volonté et du dessein de Dieu. La gloire "shekina" illumine ce lieu.

Plus vous vous approchez de Dieu, plus la zone devient étroite. L'aviez-vous remarqué? Quand vous entrez dans le saint des saints, c'est en fait un cube parfait. Dix coudées de long, dix de large et dix de haut. Il n'y a seulement que ces deux éléments à l'intérieur. Il n'y a rien pour vous attirer que Dieu, et il l'a prévu ainsi. Certains d'entre nous sont plutôt effrayés à mesure qu'ils s'approchent. La plupart d'entre nous viennent à Dieu pour réclamer: "Nous voulons des bénédictions, nous voulons la puissance, nous voulons la guérison." Dieu veut que nous venions à lui. Nous ne pouvons entrer dans ce lieu que quand nous y venons uniquement pour Dieu. Nous l'approchons en tant que Dieu. Nous l'adorons, nous nous courbons devant lui, nous nous nourrissons de lui et nous nous réjouissons en lui. Alors vient la révélation.

Il y a beaucoup de fausses révélations. Je crois que Dieu m'a clairement montré que la seule voie vers la véritable révélation est celle-ci: si vous évitez l'une de ces étapes, vous vous perdrez, vous serez dans l'erreur et dans la déception.

CHAPITRE SIX

LE PROPITIATOIRE

Etudions à présent le propitiatoire, qui couvre l'arche. Béni soit le Seigneur, parce qu'il y a aussi une couronne autour du sommet de l'arche. Cette couronne était faite pour garder le propitiatoire en place afin qu'il ne tombe jamais de l'arche. Quand vous êtes dans l'arche, vous êtes sous la grâce du Tout-Puissant. Il n'y a pas d'autre lieu de miséricorde que dans l'arche. L'arche, c'est Christ. En dehors de Christ, il n'y a ni miséricorde, ni acceptation, ni vie. Mais il y a une couronne qui garde toujours le propitiatoire au sommet de l'arche. Si vous êtes dans l'arche, vous êtes donc sous la miséricorde.

En Romains 3:24-25 le mot grec utilisé pour "siège de miséricorde" est "propitiatoire", bien que ce ne soit pas traduit ainsi dans la version King James:

"Ils sont gratuitement justifiés par sa grâce, par le moyen de la rédemption qui est en Jésus-Christ. C'est lui que Dieu a destiné à être une victime propitiatoire (le mot grec est "siège de miséricorde") pour ceux qui auraient la foi en son sang…"

L'expiation de Christ est le propitiatoire, le lieu qui couvre la loi brisée, les tables de pierre qu'aucun de nous n'a été capable d'accepter et de garder. Nous approchons du propitiatoire. Il devient le trône de Dieu. Hébreux 4:16 dit que nous pouvons nous approcher avec assurance du trône de la grâce, parce que Dieu siège sur le propitiatoire à cause de l'œuvre d'expiation de Christ qui couvre la loi brisée.

Les chérubins, un à chaque bout, leur face tournée vers l'intérieur vers le propitiatoire, les ailes inclinées vers le bas

99

pour toucher exactement le milieu du propitiatoire, représentent la place où Dieu révèle sa gloire. Nous avons encore les trois mêmes activités: l'adoration, la communion et la révélation. Les ailes inclinées des chérubins symbolisent l'adoration. C'est une position du corps. Leurs faces tournées les unes vers les autres symbolisent la communion, face à face. Puis Dieu dit que, là où les ailes et les faces se rencontrent, il révélera sa gloire. Lisons Exode 25:20-22; je pense que vous en aurez une belle image:

"Les chérubins étendront les ailes par-dessus, couvrant de leurs ailes le propitiatoire, et se faisant face l'un à l'autre; les chérubins auront la face tournée vers le propitiatoire."

C'est la communion en Dieu, nos faces l'une vers l'autre et vers le propitiatoire.

"Tu mettras le propitiatoire sur l'arche, et tu mettras dans l'arche le témoignage (ce sont les deux tables de l'alliance) que je te donnerai. C'est là (par-dessus le propitiatoire) que je me rencontrerai avec toi; du haut du propitiatoire, entre les deux chérubins placés sur l'arche du témoignage, je te donnerai tous mes ordres pour les enfants d'Israël."

C'est là le lieu de la révélation. Nous avons dans cette image du saint des saints les trois activités par deux fois: l'adoration, la communion et la révélation. Ici, Christ est assis en tant que prêtre sur son trône. Lisons Zacharie 6:11-13, qui est centré sur Josué, grand prêtre à cette époque. Josué est une image de Jésus, grand souverain sacrificateur. En fait, le nom de "Josué" signifie "Jésus" en hébreu.

"Tu prendras de l'argent et de l'or, et tu en feras des couronnes, que tu mettras sur la tête de Josué (c'est l'image de Jésus), fils de Jotsadak, le souverain sacrificateur."

Josué ne portait pas une couronne, mais plusieurs. Dans Apocalypse 19, quand Jésus est apparu dans la gloire, il avait sur sa tête plusieurs couronnes, des diadèmes. Non pas les couronnes de laurier de la victoire, mais le diadème du monarque. Il est l'image du Roi des rois et du Seigneur des seigneurs portant les nombreuses couronnes d'or sur sa tête.

"Tu lui diras: Ainsi parle l'Eternel des armées: Voici, un homme..."

Remarquez qu'il nous est d'abord présenté comme un homme, un être humain. C'est le bois d'acacia de l'arche dont nous avons parlé dans le chapitre cinq.

"... dont le nom est germe (le titre du Messie), germera dans son lieu (comme un rejeton qui sort d'une terre desséchée, voir Esaïe 53:2), et bâtira le temple de l'Eternel (il est maintenant celui qui bâtit le temple de Dieu, l'Eglise). Il bâtira le temple de l'Eternel; il portera les insignes de la majesté..."

La gloire de l'Eternel reposera sur lui. Jean 17:22a dit:

"Je leur ai donné la gloire que tu m'as donnée…"

Aucun d'entre nous ne peut prendre cette gloire individuellement; tout le corps de Christ uni portera la gloire. Ce qu'il peut porter individuellement, son corps peut le porter collectivement. Maintenant, en premier lieu, la gloire repose sur lui: le roi, le souverain sacrificateur sur son trône.

"… il portera les insignes de la majesté; il s'assiéra et dominera sur son trône, il sera sacrificateur sur son trône (il est souverain sacrificateur selon l'ordre de Melchisédek, roi et prêtre tout à la fois), et une parfaite union (une parfaite harmonie) régnera entre l'un et l'autre (le Père et le Fils)." (Zacharie 6:13)

Voici donc l'image prophétique de Christ dans le saint des saints. C'est là que nous nous approchons, c'est notre destination, c'est la direction vers laquelle Dieu a tourné notre face. Je crois que cela demande une décision de notre part pour y entrer.

Nous avons donc, comme je l'ai dit, sept ministères. Les ministères qui bâtissent le corps appartiennent au domaine de la vérité révélée dans le lieu saint. Voici les cinq piliers: apôtres, prophètes, évangélistes, pasteurs et docteurs. Quand vous entrez dans le saint des saints, il y a deux ministères dont nous parlons peu aujourd'hui, celui de prêtre et celui de roi. Je crois qu'il est temps d'entrer et de prendre nos droits en Christ. Dieu veut que nous entrions et que nous partagions avec Jésus chacun de ces ministères.

J'ai été frappé il y a quelques années quand j'ai commencé à comprendre la vérité sur les apôtres et les prophètes. Ce n'est rien comparé à l'émotion que j'éprouve aujourd'hui quand je commence à voir la vérité sur les rois et les prêtres. Je crois qu'il y a un ordre et nous devons nous y conformer. Si vous n'entrez pas dans la construction du corps, je doute que vous entriez dans le ministère de prêtre et de roi. Dieu veut partager tous ces ministères avec nous.

Etudions d'abord les ministères de la construction du corps:

"Si par l'offense d'un seul la mort a régné par lui seul (c'est l'offense d'Adam), à plus forte raison ceux qui reçoivent l'abondance de la grâce et du don de la justice régneront-ils dans la vie par (le dernier Adam qui est) Jésus-Christ lui seul." (Romains 5:17)

Pensez-vous que cela signifie "dans la vie à venir"? Je crois que cela veut dire "dans cette vie". Je suis persuadé que vous devez vous trouver dans le saint des saints pour pouvoir régner dans cette vie.

Comparons. Dans 1 Corinthiens 3:9-10a, nous avons les ministères de la construction du corps partagés par les ministres de Christ:

"Car nous sommes ouvriers avec Dieu. Vous êtes le champ de Dieu (c'est le labour, la ferme), l'édifice de Dieu (vous, signifiant l'église qui est le bâtiment de Dieu). Selon la grâce de Dieu qui m'a été donnée (en tant qu'apôtre), j'ai posé le fondement comme un sage architecte..."

Paul dit donc que nous sommes des constructeurs avec Dieu du temple de Dieu qui est l'Eglise. Nous nous partageons le travail. Il a donné certains comme apôtres, prophètes, évangélistes, pasteurs. Dans 1 Pierre 2:9a, l'apôtre dit en parlant à des chrétiens:

"Vous êtes une race élue, un sacerdoce royal, une nation sainte, un peuple acquis..."

Différentes expressions sont utilisées, aussi voyons celle de "sacerdoce royal". "Royal" se réfère aux rois. Nous sommes donc un royaume de prêtres. Nous sommes des prêtres royaux, selon l'ordre de Melchisédek, qui était prêtre du Dieu très haut, roi de justice, roi de Salem.

"A celui qui nous aime, qui nous a délivrés de nos péchés par son sang, et qui a fait de nous un royaume, des sacrificateurs pour Dieu son Père..." (Apocalypse 1:5b-6a)

Les traductions modernes disent "un royaume de prêtres".

"Tu as fait d'eux un royaume et des sacrificateurs pour notre Dieu..." (Apocalypse 5:10)

Ou un royaume et des prêtres, ou un royaume de prêtres.

"... et ils régneront sur la terre."

Je crois que le Seigneur m'a clairement montré que, si nous voulons être un roi, il fallait être d'abord un prêtre. C'est un royaume de prêtres. Les gens qui se qualifient pour le Royaume sont des prêtres. Tout le monde veut régner, mais combien veulent le ministère de prêtre? La qualification pour régner est d'apprendre à être prêtre. Quand vous pouvez servir comme prêtre, vous pouvez commencer à régner.

Vous devez voir les choses en face. Nous disons "amen" à beaucoup d'affirmations dans l'Ecriture, mais elles ne sont pas toujours mises en œuvre dans notre vie. Nous avons été élevés ensemble et nous sommes assis ensemble avec lui dans les lieux célestes. Nous disons "amen", mais est-ce de la théorie ou du vécu? Nous sommes des rois et des prêtres, mais vivons-nous vraiment comme des rois? Soyons honnêtes. Dans beaucoup de cas, la réponse est négative. Je crois vraiment que Dieu m'a montré que personne ne peut régner comme un roi s'il ne sert pas comme un prêtre. C'est un royaume de prêtres. Si vous voulez être dans le saint des saints, les deux ministères sont prêtre et roi. C'est ce que Dieu a prévu, c'est ce qu'il a donné à Israël. Ils sont passés à côté. Il est dit dans Exode 19:4-6:

"Je vous ai porté sur des ailes d'aigle et amenés vers moi […] pour être pour moi un royaume de sacrificateurs (ou de prêtres)."

Mais ils ont préféré les tables de pierre. Ils ont dit qu'ils voulaient le faire eux-mêmes, qu'ils préféraient les lois. La grande tragédie du cœur de Dieu est qu'il a toujours essayé d'amener son peuple à lui et que celui-ci a toujours voulu quelque chose de plus que Dieu. La bénédiction, la puissance, la Terre promise, le ministère… Dieu dit: "Je suis la fin, c'est là que tout finit. Ici. Il n'y a rien d'autre à chercher que moi."

C'est pourquoi tant de gens n'entrent jamais, parce qu'ils veulent quelque chose mais pas Dieu.

Je pense que la vie dans l'arche doit précéder ou être avant celle sur le trône. C'est la vie cachée dans l'arche qui vous donne accès au trône. Il doit y avoir la vie intérieure d'adoration, s'inclinant devant la loi éternelle. Comment peut-il y avoir une personne sans loi devant le trône de Dieu? C'est exclu. Si vous ne vous soumettez pas dans la prostration devant la loi de Dieu, vous n'y avez pas accès. Vous devez apprendre à vous nourrir de la manne cachée. Vous devez avoir la verge qui fleurit surnaturellement par la révélation divine.

Ce qui est remarquable, avec la verge, c'est qu'elle a connu trois phases en une seule fois. Elle était bourgeon, puis fleur et enfin fruit. Je crois que c'est vrai de la révélation divine. Quand Dieu vous montre quelque chose, le facteur temps n'existe pas. Dieu connaît la fin depuis le début. Quand il me l'a montré dans mon esprit, pas en vision, il l'a fait dans sa globalité, comme si c'était fini. J'ai vu toutes les étapes en même temps. C'est une révélation spirituelle. Quand nous entrons dans l'arche, nous pouvons passer du propitiatoire et nous asseoir sur le trône. Si nous ne suivons pas ce chemin, nous ne serons jamais ni roi ni prêtre sur le trône. Jésus veut partager son trône avec nous, mais il y a un chemin à parcourir étape par étape. Je ne crois pas que nous puissions manquer l'une d'entre elles. Il n'y a qu'un seul chemin vers le saint des saint, et c'est celui-ci. C'est comme un plan; il s'esquisse si clairement qu'un enfant intelligent de dix ans peut facilement le comprendre une fois que Dieu l'a déplié.

Terminons cette partie sur la vie dans l'arche avant la vie sur le trône avec une remarque sur la souffrance:

"Cette parole est certaine (on peut lui faire confiance): Si nous sommes morts avec lui, nous vivrons aussi avec lui." (2 Timothée 2:11-12)

Si nous ne voulons pas mourir avec lui, nous ne pouvons pas partager sa vie.

" si nous souffrons (que ferons-nous?), nous régnerons aussi avec lui." (Darby)

Si nous ne souffrons pas, nous ne pouvons pas régner. J'aimerais dire autre chose à propos de la souffrance. Pendant des années, j'ai détesté enseigner ce thème. Ce n'était pas parce que je ne voulais pas du tout souffrir, mais parce que je ne comprenais pas une distinction. Je voyais beaucoup de chrétiens faire des choses insensées, utiliser un langage religieux et souffrir, et cela ne m'attirait pas. Je ne voulais pas être comme eux et je ne le veux toujours pas. J'aimerais souligner qu'il y a deux sortes de souffrances totalement différentes et la plupart des chrétiens souffrent de la mauvaise façon. Lisons 1 Pierre 4:1. C'est une affirmation remarquable. Sa profondeur va au-delà de ma capacité d'explication:

"Ainsi donc, Christ ayant souffert dans la chair, vous aussi armez-vous de la même pensée."

Vous aurez à souffrir dans la chair. Mettez l'armure, soyez prêt, que ce ne soit pas un choc pour vous.

"Car celui qui a souffert dans la chair en a fini avec le péché."

N'est-ce pas une affirmation étonnante? Je ne veux pas dire que "souffrir dans la chair" signifie forcément recevoir des coups de fouet sur le dos. Il est possible d'en arriver là, mais je crois que cela signifie le refus constant de cette nature charnelle en moi qui va revendiquer ses droits de toutes les façons possibles et qui doit être mise à mort, en un sens par étapes. Je sais que cela a été fait sur la croix. Je le reconnais pleinement. Je prêche ce sujet aussi clairement que n'importe quelle personne de ma connaissance. C'est accompli sur la croix, mais il faut que ce soit mis en œuvre en vous et en moi. Vous arrivez à résoudre un problème avec le vieil homme et vous vous dites que cette fois il est mort, et un problème complètement différent émerge. Vous vous battez et c'est vraiment épuisant.

Admettons que vous êtes une femme spirituelle mariée à un homme qui ne l'est pas. Vous êtes tentée de lui dire des choses, de lui dire comment faire, de le bousculer. Vous pouvez le faire, mais vous savez que ce n'est pas biblique. Alors vous décidez que vous ne le ferez pas et, bien sûr, il n'agit pas correctement. Vous passez par-dessus et il recommence. Il y a quelque chose en vous qui bout, qui brûle. C'est la souffrance. Si vous le faites en obéissance à la parole de Dieu, cela vous fera du bien. Quand vous aurez assez souffert, vous serez morte! Gloire à Dieu!

Je connais des domaines dans ma vie qui sont morts. Il y a dix ans, ils étaient encore bien vivants. Aujourd'hui, vous pouvez tout faire. Cette chose particulière ne trouvera en moi aucune réaction. C'est ce que signifie "être mort au péché" (c'est ma définition et je la donne dans l'un de mes livres). Le péché n'a plus d'attrait pour vous, il ne produit plus de réaction en vous, il ne vous contrôle plus. Toutes ces affirmations sont vraies à propos d'un homme mort. Il ne réagit plus à rien. Tant que vous réagissez, vous contrôlez peut-être les choses, mais vous n'êtes pas mort. Si vous persévérez assez longtemps, vous finirez par mourir – dans ce domaine – et vous louerez Dieu parce que c'est fait. Et Dieu vous répond: "On va s'occuper d'un autre point. Qu'en est-il de tes enfants, quand ils te provoquent, quand ils font des choses que tu ne veux pas qu'ils fassent? Tu as réglé ton problème avec ton mari, vous avez surmonté le problème. Nous allons maintenant nous occuper des enfants."

Je crois que vous serez d'accord avec moi pour affirmer que Dieu s'occupe en général plus radicalement de nous par les personnes qui nous sont proches. C'est ainsi qu'il peut vraiment nous forcer la main. Je peux mettre une certaine distance avec les gens mais, quand il s'agit de mon épouse, elle est juste à côté. Ou, quand c'est mon mari, il est à côté. Je ne dis pas que j'interprète parfaitement ce passage. Je l'ai retourné dans ma tête pendant des années. "Celui qui a souffert dans sa chair en a fini avec le péché." Je pense qu'il arrive un moment où il n'y a plus de réaction. Vous êtes mort, vous avez cessé de vivre. Nous n'avons plus la tentation de pécher dans ces conditions.

C'est le genre de souffrance que nous devons endurer. Tout le monde doit passer par là. Jésus l'a connue. C'est le refus de l'ego. C'est renier sa nature charnelle. C'est le refus de tout ce qui est opposé à la volonté de Dieu. Le passage de 1 Pierre 4:2 est très beau. Quand vous aurez lu le verset 1 et que votre étonnement sera passé, poursuivez par le verset 2:

"... afin de vivre non plus selon les convoitises des hommes, mais selon la volonté de Dieu..."

Voulez-vous vivre dans la chair selon la convoitise des hommes ou voulez-vous vivre selon la volonté de Dieu? Vous devez passer par ce processus. Armez-vous de cette pensée. Ne la laissez pas vous faire un choc. Vous allez souffrir. Je ne dis pas qu'on va vous lancer des pierres; j'entends par là que vous allez devoir affronter des choses en vous qui font mal.

Lisons 1 Pierre 4:15-16:

"Que nul de vous, en effet, ne souffre comme meurtrier, ou voleur..."

N'est-ce pas étonnant quand c'est destiné à des chrétiens?

"... ou malfaiteur, ou comme s'ingérant dans les affaires d'autrui."

Il existe toutes sortes de souffrances qui ne vous font aucun bien. Si vous souffrez comme meurtrier ou voleur, ce n'est pas rédempteur, cela ne vous transforme pas à l'image de

Christ. La plupart d'entre nous ne vont pas souffrir littéralement comme meurtriers, bien que la Bible dise que celui qui hait son frère dans son cœur est déjà un meurtrier. Beaucoup de gens souffrent à cause de cela. Ce n'est pourtant pas rédempteur. Vous pouvez haïr quelqu'un pendant des années et souffrir le martyre, cela ne vous fera aucun bien. Ce n'est pas une souffrance rédemptrice. Ne vous trompez pas en pensant qu'une fois que vous aurez souffert assez longtemps cela ira. Non. Ce qu'il vous faut, c'est arrêter de souffrir et vous repentir.

Si vous me demandez quel est le véritable problème auquel la plupart d'entre vous risquent d'être confronté, c'est celui de la souffrance, parce que vous vous mêlez des affaires d'autrui. Il se peut que vous soyez choqué par cette affirmation; beaucoup de gens religieux sont ainsi. Qu'aucun d'entre vous ne souffre parce qu'il se mêle de ce qui ne le regarde pas. Si vous avez le nez trop long, il se peut qu'un petit bout soit coupé! Ce sera douloureux, mais ce ne sera pas salvateur. Cela ne vous fera aucun bien.

Quel est le genre de souffrance rédemptrice? Nous le lisons dans Hébreux 5:8-9. J'ai marché sur ce chemin pendant trente ans, ma femme quarante. Ecoutez-nous un peu, parce qu'il n'y pas de nouvelles erreurs. Pourquoi devriez-vous commettre tout le temps les mêmes fautes? Il n'y a pas de progrès possible en répétant toujours les mêmes erreurs. Hébreux 5:8 dit à propos de Jésus:

"Il a appris, bien qu'il fût Fils, l'obéissance par les choses qu'il a souffertes..."

Le mot clé est "l'obéissance". Si vous souffrez dans l'obéissance, cela vous conformera à l'image de Christ. Si vous souffrez en réponse à une désobéissance, ne croyez pas que cela vous fera du bien. Cela pourra peut-être vous empêcher de désobéir de nouveau, c'est tout ce que cela pourra faire. C'est le résultat négatif, vous en aurez peut-être assez de la désobéissance. La souffrance rédemptrice est celle que nous devons affronter pour régner avec lui, c'est celle qui vient de l'obéissance. Il a appris l'obéissance par les choses qu'il a souffertes. Il a appris ce que c'était que d'obéir par la souffrance en réponse à l'obéissance. Si vous obéissez, vous souffrirez. Vous serez partenaire des souffrances de Christ.

Je ne comprenais pas cette affirmation de l'apôtre Paul dans Philippiens 3:10. Je l'ai lue et j'ai vu qu'elle se trouvait bien dans la Bible. Il est dit:

"… afin de connaître Christ, et la puissance de sa résurrection, et la communion de ses souffrances…"

Pouvez-vous vraiment dire que c'est ce que vous voulez? J'ai été honnête avec moi-même et j'ai dit: "Seigneur, je n'en suis pas encore à pouvoir dire "amen" à cela et je ne vais pas essayer d'être religieux et dire ce que je ne pense pas." Cela vient pourtant, parce que j'ai commencé à le voir sous un angle totalement différent. J'ai vu des gens religieux souffrir, et ils ne sont pas attirants. Les souffrances de Jésus ne le rendent pas repoussant. Il y avait en lui de la beauté. Pourquoi? Parce que c'était le résultat de la soumission et de l'obéissance à la volonté du Père. Ne partez pas en étant complaisant avec vous-même, en étant fier, têtu et désobéissant pour dire ensuite: "Je souffre et cela me fait du bien." Cela ne vous fera aucun bien, sauf si cela vous permet de cesser d'être désobéissant. C'est la souffrance qui vient de l'obéissance.

Ne dites pas que votre maladie est votre croix. Une croix est quelque chose qui peut être enlevé ou déposé. Vous n'avez pas à porter votre croix. Jésus a dit: "Si vous voulez me suivre, vous devez porter votre croix." Votre mari n'est pas votre croix, parce que vous ne pouvez pas l'enlever et le déposer. Vous riez peut-être, mais j'ai rencontré beaucoup de femmes qui m'ont dit que leur mari était leur croix. Si j'étais la croix de quelqu'un, je serais fâché, croyez-moi! Si mon épouse avait cette attitude envers moi, nous ne formerions pas un couple harmonieux.

Dans Lévitique 23 sont citées sept fêtes de Jéhovah, ou

de l'Eternel, ordonnées par la loi de Moïse. Elles ont toutes une signification importante pour nous en tant que chrétiens. Je ne vais pas ici les étudier en détail. La Pâque était immédiatement suivie par les sept jours de la fête des pains sans levain (qui est toujours observée par les juifs aujourd'hui), les prémices, durant lesquelles le sacrificateur agitait devant l'Eternel le premier épi de blé récolté. Venait ensuite la Pentecôte, mot qui signifie "cinquante". Elle avait lieu cinquante jours après, c'est pourquoi elle s'appelle ainsi. Elle est aussi appelée la fête de la moisson du blé. Puis nous arrivons au septième mois au cours duquel se déroulent trois fêtes. Le premier jour du septième mois il y a une fête qui s'appelle la fête des trompettes. Le dixième jour du septième mois, il y a une fête qui s'appelle le jour de l'expiation, ou Yom Kippour, qui est le nom hébreu du jour du grand pardon, comme les juifs l'appellent encore aujourd'hui. Puis la dernière des fêtes, le quinzième jour du septième mois, est celle des tabernacles, ou des cabanes. Elle est appelée ainsi parce que chaque Israélite devait sortir et construire une sorte de tente à trois branches et y vivre sept jours.

Dans Exode 23, Dieu déclare qu'il y a trois fêtes dans l'année durant lesquelles tout mâle doit monter à Jérusalem. Ce sont les fêtes des pains sans levain, de la Pentecôte et des tabernacles. Cela met tout de suite particulièrement l'accent sur la fête des tabernacles.

Dans le Nouveau Testament, nous voyons que certaines de ces fêtes sont historiquement accomplies en Christ. 1 Corinthiens 5:7b dit:

"… car Christ, notre Pâque, a été immolé."

Il est dit ensuite:

"Célébrons donc la fête [...] avec les pains sans levain…" (verset 8)

La mort de Jésus sur la croix a exactement accompli la Pâque. Je veux souligner que ce n'était pas approximatif; l'accomplissement sous la Nouvelle Alliance correspondait exactement en temps et en heure à ce qui était dit de la fête sous l'Ancienne Alliance.

Quand Jésus est ressuscité d'entre les morts, il est devenu le premier fruit. C'est Christ ressuscité des morts qui est devenu les prémices. Le premier épi de blé à jaillir de la terre après que la semence a été enterrée est un symbole de Jésus. Il est ressuscité le lendemain du sabbat – ce qui correspond bien –; il faut ensuite compter sept sabbats et, le jour suivant qui est un dimanche sur notre calendrier, cinquante jours, et il y a la Pentecôte qui, comme vous le savez et comme son nom l'indique, a été accomplie le jour de la Pentecôte quand le Saint-Esprit est venu. Encore une fois, ce n'était pas approximatif, mais bien au jour et à l'heure prévus quand le jour de la Pentecôte est arrivé, à la troisième heure du jour, ce qui correspond à neuf heures du matin.

Puis il y a une sorte d'intervalle et l'apogée qui arrive au septième mois, qui est en gros le mois de la moisson. Sur notre calendrier, Pâque tombe vers le mois de mars. Le jour du grand pardon a en général lieu en septembre. Nous avons donc un écart d'environ sept mois entre mars et septembre. Le reste de l'année il n'y a pas de fêtes. Le premier jour du septième mois est la fête des trompettes. Le fait de sonner la trompette évoque l'enthousiasme, l'activité, la proclamation, l'avertissement, la prédication, quelque chose qui va arriver; il faut se tenir prêt.

Puis le dixième jour du premier mois est le seul jour où quelqu'un pouvait entrer dans le saint des saints sous l'Ancienne Alliance. Le jour du grand pardon, le souverain sacrificateur venait pour une courte période avec le sang du sacrifice de l'autel de bronze et avec l'encensoir rempli d'encens de l'autel d'or. Il venait assez longtemps pour asperger le sang sept fois sur le propitiatoire, sept fois devant le propitiatoire. Une fois qu'il l'avait fait, il se dépêchait de sortir parce que, s'il s'attardait, il mourait. Il avait au bout de sa belle robe bleue des clochettes et des grenades. Quand il bougeait à l'intérieur du saint des saints, les clochettes tintaient. Je vous le certifie, les Israélites écoutaient bien ces clochettes, car elles leur indiquaient que leur grand sacrificateur était toujours en vie. S'il était mort, c'est qu'ils n'étaient pas acceptés. Alors leur sacrifice était inefficace, ils n'étaient pas réconciliés avec Dieu, leurs péchés n'étaient pas couverts.

Jésus portant sa robe bleu céleste comme notre grand prêtre est entré. Et, loué soit Dieu, avez-vous entendu les clochettes sonner? Il n'est pas mort. Alléluia! Savez-vous qu'il est toujours vivant? Vous avez entendu les clochettes sonner. Savez-vous ce que le tintement des clochettes signifie? Cela veut dire que notre souverain sacrificateur a été accepté pour nous. Tout est donc en règle, l'alliance est scellée, Dieu l'a acceptée. Si le prêtre mourait, c'était non seulement le rejet du grand prêtre, mais aussi celui de toute une nation, des sacrifices et de tout le système religieux.

Voici ce que je dis: la seule fois où quelqu'un entrait dans le saint des saints, c'était le jour de l'expiation. Puis presque immédiatement avait lieu la fête du tabernacle, qui est la troisième fête durant laquelle tout mâle doit monter à Jérusalem; c'était obligatoire. Les deux autres fêtes étaient accomplies en un jour et une heure exactement. Il n'y avait pas de conjecture, pas de "si" pas de "mais". Quelque chose en moi m'a convaincu que cette fête devait être accomplie de même en un jour et une heure. Il est vrai qu'elle était l'apogée, la dernière des sept fêtes. On l'appelle aussi "la convocation", mais ce n'était pas le processus de rassemblement comme lors de la moisson selon moi. C'était le repos et la célébration après que la moisson est terminée. Je crois que le mouvement charismatique nous prépare pour la fête des tabernacles. Ce que j'aimerais vous dire, c'est qu'il existe un lien entre l'expiation et le tabernacle. C'est seulement après avoir pénétré dans le saint des saints que les Israélites ont pu célébrer la fête des tabernacles.

C'est vrai pour nous aussi. Nous devons passés du lieu

saint au saint des saints. Nous devons passer du premier domaine au deuxième, qui nous a été ouvert depuis que Jésus est ressuscité d'entre les morts, avant que cet âge puisse être consommé. Quelque chose doit se passer. Je pense que je suis pile à l'heure sur le calendrier de Dieu lorsque je vous dis qu'il faut entrer dans le saint des saints. C'est une sorte d'ultimatum de Dieu que je vous donne. Nous sommes restés assez longtemps derrière le voile. Nous devons entrer et immédiatement après, dans un laps de temps indéfini très court, gloire à Dieu, après avoir franchi le voile viendra l'apogée des âges.

CHAPITRE SEPT

QUATRE GRANDES BÉNÉDICTIONS DE LA NOUVELLE ALLIANCE

Dans ce chapitre, nous allons passer des modèles à l'enseignement claire du Nouveau Testament. En fait, l'épître aux Hébreux n'a aucun sens pour vous si vous n'êtes pas familiarisé avec le tabernacle, car elle est entièrement fondée sur le tabernacle et le sacerdoce. Vous ne pouvez comprendre la lettre aux Hébreux que si vous connaissez les livres de l'Exode, du Lévitique et des Nombres. Quelqu'un a dit que le Lévitique était l'épître aux Hébreux de l'Ancien Testament, ou que l'épître aux Hébreux est le Lévitique du Nouveau Testament.

Dans Hébreux 10:19-22, nous lisons l'application de ce que j'ai enseigné dans les chapitres précédents:

"Ainsi donc, frères, puisque nous avons, au moyen du sang de Jésus, une libre entrée dans le sanctuaire par la route nouvelle et vivante qu'il a inaugurée pour nous au travers du voile, c'est-à-dire de sa chair (ce voile, c'est celui dont nous avons parlé, le dernier voile), et puisque nous avons un souverain sacrificateur établi sur la maison de Dieu, approchons-nous avec un cœur sincère, dans la plénitude de la foi, les cœurs purifiés d'une mauvais conscience, et le corps lavé d'une eau pure."

Etudions deux thèmes qui sont les quatre grandes bénédictions de la Nouvelle Alliance et les quatre conditions majeures du véritable adorateur. Tout cela est tiré du livre d'Andrew Murray, *The Holiest of All*. J'ai ma propre façon de l'exposer, mais l'idée initiale m'a été suggérée par ce livre.

1.   Le saint des saints nous est ouvert. Sous l'Ancienne Alliance, nous ne pouvions pas accéder au saint des saints. Ici, nous avons cette affirmation sans équivoque que le chemin vers le saint des saint nous est ouvert.
2.   Nous avons l'assurance d'y entrer par le sang de Jésus.
3.   Nous avons un chemin nouveau et vivant pour y entrer.
4.   Nous avons un souverain sacrificateur sur la maison de Dieu.

Voici les quatre conditions pour être un véritable adorateur: un cœur sincère, la plénitude de la foi, un cœur purifié d'une mauvaise conscience et un corps lavé d'une eau pure. Nous n'avons pas le temps d'entrer dans les détails, mais j'aimerais vous faire remarquer que le reste de l'épître aux Hébreux décrit les conséquences de notre accès au saint des saints, la façon dont cela agit dans notre vie et les relations qui en découlent. Ce n'est pas la fin de tout, c'est la fin du voyage intérieur et c'est jusque-là que je peux vous emmener dans cette série d'études. '

Le saint des saints nous est ouvert

Nous avons un accès direct à la présence immédiate du Dieu tout-puissant, ce qui représente un privilège incroyable. Je suis sidéré, au-delà de toute expression, que nous puissions avoir le droit d'approcher directement la présence du Dieu tout-puissant. La barrière à cet accès est le péché de l'homme, sa nature charnelle. Jésus s'en est occupé à la croix. Lisons à cet effet quelques passages:

"Car – chose impossible à la loi, parce que la chair la rendait sans force – Dieu a condamné le péché dans la chair, en envoyant, à cause du péché, son propre Fils dans une chair semblable à celle du péché." (Romains 8:3)

La loi ne pouvait pas le faire. Non pas qu'il y ait quelque chose de mauvais dans la loi, puisque Paul dit que la loi est sainte, juste et bonne; chaque commandement de la loi était juste. Mais je pourrais regarder ces tables de pierre et tous les écrits de la loi et dire: "Je vais le faire." Cependant, quelque chose en moi me dirait: "Non, tu ne le feras pas." Plus nous essaierons d'y arriver, plus nous échouerons. Romains 7:19-21 dit: "Car je ne fais pas le bien que je veux, et je fais le mal que je ne veux pas. Et si je fais ce que je ne veux pas, ce n'est plus moi qui le fais, c'est le péché qui habite en moi. Je trouve donc en moi cette loi: quand je veux faire le bien, le mal est attaché à moi." Alors je dis: "Oui, je vais garder les commandements de Dieu. Je vais faire tout ce que Dieu demande." Je suis sincère, je le veux vraiment. Cependant, au moment où j'essaie de le faire, ma nature charnelle et rebelle reprend ses droits; plus j'essaie de faire le bien, pire c'est. L'avez-vous expérimenté? Je l'ai découvert à l'âge de quinze ans, quand j'ai été confirmé dans l'Eglise anglicane. J'avais vraiment décidé qu'il était temps pour moi d'être meilleur que ce que j'avais été jusqu'à présent. J'ai dit: "Ça y est, je serai confirmé, je vais me brosser les dents, aller à la communion et je serai meilleur." Je n'ai jamais été aussi mauvais qu'après cela! C'est la vérité.

Quel est le problème? C'est très subtil. Le problème est la confiance en soi. Jérémie 17:5 dit: "Maudit soit l'homme qui se confie dans l'homme, qui prend la chair pour son appui, et qui détourne son cœur de l'Eternel!" Quand vous vous dites que la loi est là et que vous allez la suivre, vous mettez votre confiance en vous-même… et vous venez sous une malédiction. Tous ceux qui essaient de garder la loi et qui n'y arrivent pas sont sous la malédiction. Si vous êtes sous la loi, vous devez accomplir toute la loi tout le temps. Si vous ne le faites pas, ce n'est pas valable. Si vous transgressez la loi une fois, vous êtes un transgresseur pour toujours. C'est tout ou rien.

La loi était bonne, mais il y avait en moi un rebelle.

"Car je prends plaisir à la loi de Dieu, selon l'homme intérieur..." (Romains 7:22)

Quelque chose en moi me dit que c'est bon et que c'est ainsi que je dois vivre. Je ne sais pas si vous l'avez remarqué, mais les gens aujourd'hui ont une fausse idée de la justice. Nous pensons que, si quelqu'un nous fait du mal, il doit être puni. Nous ne nous demandons cependant jamais ce qui arriverait si, moi, je faisais quelque chose de mal à quelqu'un. Savez-vous pourquoi ceux qui sont chargés de l'application des lois et la société dans son ensemble sont si permissifs et transgressent la loi aujourd'hui? C'est parce que l'Eglise a permis l'injustice. Le sel a perdu sa saveur, la barrière du désordre est ouverte et elle envahit notre société. Cela commence par l'Eglise. Quand elle met de côté la loi inviolable de Dieu et la méprise, elle ouvre la voie à un torrent de dérèglements qui envahit notre société et nous en souffrons.

Nous retournons vers Romains 7, le verset 22:

"Car je prends plaisir à la loi de Dieu, selon l'homme intérieur..."

Quelque chose en moi me dit qu'elle est bonne.

"... mais je vois dans mes membres une autre loi, qui lutte contre la loi de mon entendement, et qui me rend captif de la loi du péché, qui est dans mes membres." (verset 23)

Ici, le mot "captivité" est "prisonnier de guerre". Paul dit: "Je suis parti pour me battre pour Dieu et je me retrouve du mauvais côté en train de me battre contre lui. Mais je suis un prisonnier de guerre, je ne le fais pas délibérément, c'est quelque chose qui me rend captif. Je n'y peux rien. Misérable

118

que je suis! Qui me délivrera de cette mort?" Je remercie Dieu, parce qu'il y a une issue:

"Ainsi donc, moi-même je suis par l'entendement esclave de la loi de Dieu, et je suis par la chair esclave de la loi du péché." (Romains 7:25)

C'est une bien pâle traduction. En fait, cela signifie: "Livré à moi-même, je peux servir Dieu avec mon esprit, mais à cause de ma nature charnelle je suis esclave de la loi du péché et je ne peux rien y faire." Alors quelle est la solution?

"Car – chose impossible à la loi..." (Romains 8:3)

Elle ne pouvait pas changer ma nature. Elle me disait ce qu'il fallait faire, mais elle ne pouvait pas me donner la puissance pour l'accomplir.

"Car – chose impossible à la loi parce que la chair la rendait sans force – Dieu a condamné le péché dans la chair, en envoyant, à cause du péché, son propre Fils dans une chair semblable à celle du péché."

Dieu a traité le péché dans la chair de Jésus. Son corps est devenu une offrande pour le péché. C'est là que ce dernier a été vaincu une fois pour toutes. Quand nous le comprenons, nous sommes libres de tout lien et de toute culpabilité liés au péché.

"Nous avons une libre entrée dans le sanctuaire par la route nouvelle et vivante qu'il a inaugurée pour nous au travers du voile, c'est-à-dire de sa chair..." (Hébreux 10:20)

Notre nature charnelle, c'est le voile. Nous ne pouvons pas venir près de Dieu à travers ce voile; il doit être enlevé. Il faut traiter la nature charnelle. Elle l'a été dans le corps de

Christ. Quand sa chair a été déchirée sur la croix pour nos péchés, le voile s'est déchiré. Le voile actuel du Temple s'est déchiré. Nous le lisons dans Matthieu 27:50-51. Dans le temple de Jérusalem, il y avait le parvis, le lieu saint et le saint des saints. Selon une ordonnance divine, le saint des saints était séparé par un voile extrêmement glorieux, épais et infranchissable. Quand Jésus, en dehors de la ville, est mort sur la croix, quelque chose est arrivé à cet instant au voile du saint des saints:

"Jésus poussa de nouveau un grand cri, et rendit l'esprit (il a abandonné son esprit). Et voici, le voile du temple se déchira en deux, depuis le haut jusqu'en bas..." (Matthieu 27:50-51a)

Il s'est déchiré de haut en bas. N'ayons aucun doute sur le fait que l'initiative ne venait pas de l'homme, mais bien de Dieu. Le voile s'est déchiré, la voie s'est ouverte vers le saint des saints à travers la mort de Jésus parce que, dans sa chair sur la croix, Dieu a condamné et a ôté le péché. Maintenant le saint des saints nous est ouvert.

Nous avons l'assurance d'y entrer par le sang de Jésus

Le mot "assurance" n'est pas subjectif, mais objectif. Ce n'est pas que je me sente ferme, mais c'est que j'ai un droit d'accès absolument légal. Que je le ressente ou non, cela est secondaire. Il est très important de le comprendre. Le mot "assurance" est, selon moi, un peu trompeur. Je dirais que nous avons un droit absolument incontestable d'y accéder à travers le sang de Jésus.

Dans Lévitique 16, nous voyons les cérémonies que prévoyait l'Ancienne Alliance pour le jour où le souverain sacrificateur entrait dans le saint des saints. Une fois par an seulement, le jour du grand pardon (ou Yom Kippour, comme les juifs le nomment aujourd'hui, ce qui signifie "le jour de la couverture", jour de jeûne et de deuil pour les juifs orthodoxes aujourd'hui), le prêtre entrait. Tout le chapitre de Lévitique 16 nous présente de façon extraordinaire la vérité de l'entrée dans le saint des saints; j'aimerais souligner le sang de l'offrande expiatoire:

"Aaron (le souverain sacrificateur) offrira son taureau expiatoire, et il fera l'expiation pour lui et pour sa maison (c'est le mot "Kippour", "expiation", "couverture"). Il égorgera son taureau expiatoire. Il prendra un brasier plein de charbons ardents ôtés de dessus l'autel devant l'Eternel (l'autel d'or), et deux poignées de parfum odoriférant en poudre; il portera ces choses au-delà du voile." (Lévitique 16:11-12)

Remarquez qu'il s'agit du sang pris sur l'autel de l'expiation et de l'encens de l'autel d'or qui doivent s'unir pour donner accès à travers le voile.

"Il mettra le parfum sur le feu devant l'Eternel, afin que la nuée du parfum couvre le propitiatoire qui est sur le témoignage, et il ne mourra point" (verset 13)

Il ne s'agissait pas d'une cérémonie religieuse vide de sens, c'était la vie ou la mort –pour le prêtre et pour la nation tout entière. S'il n'était pas accepté, toute la nation perdait son statut devant Dieu. Il était leur représentant.

"Il prendra du sang du taureau, et il fera l'aspersion avec son doigt sur le devant du propitiatoire vers l'orient (le point d'approche, de l'est; le sang était aspergé sur le propitiatoire); il fera avec son doigt sept fois l'aspersion du sang devant le propitiatoire." (verset 14)

Sept fois, cela nous parle du Saint-Esprit. Jésus, par un esprit éternel (Hébreux 9:14), s'est offert lui-même sans tache à Dieu. Le sang a été aspergé sur le propitiatoire et devant le propitiatoire. Sans le sang, il n'y a pas d'accès. Dans le Nouveau Testament, nous lisons quelque chose qui, je le crois, surprendra certains d'entre vous, mais c'est très clairement énoncé dans la Bible. Durant des années, j'ai su que c'était là, mais je n'y avais jamais vraiment prêté attention. Ce n'est que récemment que c'est devenu pour moi une réalité. L'expiation de Jésus ne s'est pas terminée sur la terre, mais elle a été achevée dans le ciel. C'est dit très clairement dans Hébreux 6:19-20a:

"Cette espérance (l'espérance de Christ), nous la possédons comme une ancre de l'âme, sûre et solide; elle pénètre au-delà du voile (ce voile, le dernier), là où Jésus est entré pour nous comme précurseur..."

Nous ne parlons pas du tabernacle terrestre, mais du temple ou du tabernacle céleste. Jésus est entré à travers le voile comme précurseur, nous représentant. Le précurseur est celui qui annonce que d'autres arrivent après lui. Il est donc entré pour dire: "Mes frères viennent après moi, Père. A partir de maintenant la voie est ouverte afin qu'ils me suivent." Il est notre précurseur. Il est entré à travers le voile. Nous lisons dans Hébreux 9:11-12:

"Mais Christ est venu comme souverain sacrificateur des biens à venir..."

Voici une meilleure traduction: "Mais Christ est venu comme souverain sacrificateur des bonnes choses qui ont été accomplies." Autrement dit, il y a une différence avec la loi qui n'est que genres, ombres, promesses et modèles. Maintenant c'est réel, c'est arrivé.

"Mais Christ est venu comme souverain sacrificateur des biens à venir..."

Quelqu'un m'a demandé la différence entre l'ombre et la substance. Ne soyez pas offusqué si j'écorne vos convictions théologiques ou dénominationelles; il n'est pas dans mon intention de blesser quiconque. Une personne m'a demandé: "Frère Prince, que pensez-vous de l'usage de l'encens? Y êtes-vous favorable?" J'ai répondu: "En ce qui me concerne, si vous continuez à utiliser de l'encens, vous revenez sous la loi de Moïse." L'encens était un genre. Je ne dis pas que vous ne devez pas utiliser d'encens, mais qu'il faut que vous compreniez ce que vous faites. L'encens était un genre, une ombre. La véritable adoration dans l'Esprit, c'est la substance, c'est ce qui est réel. Un jour j'ai dit à un jeune homme: "Si un jour vous rentrez chez vous, que vous êtes là, que la lumière est allumée, que votre femme est là, que son ombre est sur le pas de la porte. Qui allez-vous embrasser? Votre femme ou son ombre?" Revenir en arrière, c'est comme embrasser l'ombre. Vous pouvez le faire si vous le voulez, aucune loi n'interdit d'embrasser les ombres! Souvenez-vous cependant que c'est ce que vous faites. Comprenez-le bien. Votre épouse sera peut-être un peu étonnée! Je crois que Jésus est parfois un peu étonné quand nous embrassons l'ombre et que nous le négligeons.

"Mais Christ est venu comme souverain sacrificateur des biens à venir; il a traversé le tabernacle plus grand et plus parfait (il n'est pas sur terre, pas fait de mains d'hommes; c'est le véritable tabernacle céleste), qui n'est pas construit de main d'homme, c'est-à-dire qui n'est pas de cette création; et il est entré une fois pour toutes dans le lieu très saint non avec le sang des boucs et des veaux, mais avec son propre sang, ayant obtenu une rédemption éternelle." (Hébreux 9:11-12)

Jésus a pris son sang avec lui dans le saint des saints. Si vous ne le comprenez pas, croyez-le. C'est de plus en plus clair.

"Il était donc nécessaire, puisque les images des choses qui sont dans les cieux devaient être purifiées de cette manière (par le sang des taureaux et des boucs), que les choses célestes elles-mêmes le fussent par des sacrifices plus excellents que ceux-là." (verset 23)

Les choses célestes devaient être purifiées, mais pas par le sang des taureaux et des boucs.

"Car Christ n'est pas entré dans un sanctuaire fait de main d'homme, en imitation du véritable, mais il est entré dans le ciel même, afin de comparaître maintenant pour nous devant la face de Dieu." (verset 24)

Il est très clair que les choses célestes doivent être purifiées, mais pas par le sang des taureaux et des boucs. Comment Christ est-il entré dans le saint des saints? Par son propre sang. Et c'est encore plus clair quand nous lisons Hébreux 12:22-24:

"Mais vous vous êtes approchés de la montagne de Sion..."

Elle pouvait être touchée, c'était une vraie montagne. Elle s'est mise à trembler, elle a été couverte de fumée noire et il y a eu une voix et une trompette. Quand le peuple l'a entendue, il a demandé de ne plus jamais avoir à venir aussi prêt pour ne plus entendre cette voix. Une fois a suffi pour toute une vie. Nous n'en sommes pas là. Pouvez-vous imaginer quelqu'un d'assez fou qui veuille retourner au Sinaï? Pourtant, beaucoup de gens le font.

"... de la montagne de Sion, de la cité du Dieu vivant, la Jérusalem céleste..."

Remarquez qu'il ne s'agit pas de la Jérusalem terrestre. Il y a une Jérusalem terrestre et il y en a aussi une céleste. Et nous y entrons, pas physiquement, mais en Esprit.

"... des myriades qui forment le chœur des anges, de l'assemblée des premiers-nés..."

Il s'agit de vous et de moi. Notre quartier général est le ciel, là où se trouve notre chef.

"... inscrits dans les cieux....."

C'est-à-dire dans le livre de vie de l'Agneau. Etes-vous inscrit dans les cieux ou simplement sur le registre de l'église? C'est bien d'être sur le registre de l'église, mais ce n'est pas suffisant.

"... du juge qui est le Dieu de tous..."

C'est une pensée terrible, n'est-ce pas? Comment pouvons-nous approcher Dieu le juge?

"... des esprits des justes parvenus à la perfection..."

Pour moi, ce sont les saints de l'Ancien Testament qui ont été rendus parfaits par une vie de foi. Ils sont morts et ont été sortis du séjour des morts par la résurrection de Jésus. Peut-être le comprenez-vous autrement, mais c'est ainsi que je le conçois.

"... de Jésus (loué soit Dieu!) qui est le médiateur de la nouvelle alliance..."

Nous ne pouvons toujours pas y entrer s'il n'y a pas autre chose. Quelle est cette chose?

"... et du sang de l'aspersion..."

Où cela se passe-t-il? Cela se déroule dans le ciel.

"... qui parle mieux que celui d'Abel."

Le sang d'Abel a été répandu sur la terre. Que réclamait-il? Il réclamait la vengeance. Le sang de Jésus est répandu dans les cieux. De quoi parle-t-il? Il parle de miséricorde. C'est la chose la plus remarquable si vous pouvez croire que le sang de Jésus parle toujours pour nous en présence de Dieu. Si ce n'était pas le cas, vous ne seriez pas là. Vous pouvez prendre toute la liste des choses que nous venons de voir, il y en a neuf dans ces trois versets, mais s'il n'y avait pas le sang, vous ne seriez pas là. Dieu ne vous aurait pas accepté. Même Jésus ne vous aurait pas accepté, si ce n'est à travers son sang. Le seul accès est à travers le sang de Jésus répandu dans le ciel. Tout comme Aaron aspergeait sept fois le propitiatoire et sept fois devant le propitiatoire

Puis il entrait avec l'encens de l'adoration. Pour moi il est clair que le nuage d'encens devait remplir la maison, sinon il mourait.

Nous avons un chemin nouveau et vivant pour y entrer

La troisième des grandes bénédictions de la Nouvelle Alliance est le chemin nouveau et vivant, qui est celui de Jésus. Jésus devient le chemin, la vérité, la vie, et il est le chemin, tout le chemin à chaque instant. Le chemin que Jésus a pris est celui que nous devons suivre; il n'y en a pas d'autre. C'est un chemin de renoncement à soi-même, d'obéissance, de sacrifice et de mort. Voilà le chemin nouveau et vivant.

Dans 1 Pierre 2:21 nous lisons:

"Et c'est à cela que vous avez été appelés, parce que Christ aussi a souffert pour vous, vous laissant un exemple, afin que vous suiviez ses traces."

Les traces de Jésus sont le chemin nouveau et vivant. Dans Matthieu 16:24, nous voyons ce qu'est le premier pas quand nous voulons suivre Jésus:

"Alors Jésus dit à ses disciples: Si quelqu'un veut venir après moi, qu'il renonce à lui-même, qu'il se charge de sa croix, et qu'il me suive."

Renoncer à soi-même ne signifie pas se priver du superflu. Si vous le faites, c'est très bien. Que Dieu vous bénisse! Mais ce n'est pas le renoncement à soi-même. Le renoncement à soi-même dit "non" à l'ego. L'ego dit: "Je veux", vous lui dites: "Non"; l'ego dit: "J'aime", vous lui dites: "Non"; l'ego dit: "Je pense", vous lui dites: "Non." Renoncer à soi-même, c'est dire non à la vieille nature qui est en vous. Les "mais" viennent de cette nature. Vous ne dites pas "mais" à Dieu quand vous avez renoncé à vous-même. Vous dites "amen". La foi dit "amen", elle ne dit pas "mais". Toutes les promesses de Dieu en lui sont "oui" et non pas "mais".
Le renoncement de soi n'est pas abandonner le péché infâme. Il est possible que ce soit le cas. Le renoncement de soi renie l'ego, le "je" qui revendique ses droits, se croit important et demande que le monde tourne autour de lui. Ce que je veux, ce que je pense, ce que je ressens. C'est impensable en ce qui concerne Dieu.
La première étape pour suivre Jésus consiste à dire "non" à tout cela. "Si quelqu'un veut me suivre, qu'il renonce à lui-même." Renoncer, c'est dire "non". L'ego dit "je", vous dites "non". Quelqu'un m'a dit une fois que, si nous n'apprenions pas à dire "non" et ce que cela signifiait, nous n'irions jamais au ciel. Je pense que c'est très vrai.

Dans Matthieu 26:39-42, nous en avons l'apogée. Cela se déroule bien entendu dans le jardin de Gethsémané:

"Puis, ayant fait quelques pas en avant, il se jeta sur sa face et pria ainsi: Mon Père, s'il est possible que cette coupe s'éloigne de moi! Toutefois, non pas ce que je veux mais ce que tu veux. [...] Il s'éloigna une seconde fois, et pria ainsi: Mon Père, s'il n'est pas possible que cette coupe s'éloigne sans que je la boive, que ta volonté soit faite!"

Toute nouvelle approche de Dieu commence par la répétition de "non pas ma volonté, mais la tienne". Jésus n'a pas renoncé qu'une seule fois à sa volonté. Chaque fois qu'il était confronté à un choix entre sa propre volonté et celle de son Père, il a renouvelé son renoncement. "Toutefois, non pas ce que je veux, mais ce que tu veux." Voilà le chemin nouveau et vivant.

Ce qui est merveilleux, dans tout cela, c'est que, si votre cœur est disposé à suivre Dieu, vous vous réjouissez. Même si cela semble dur, cela vous remplit de joie. Si par contre votre cœur n'est pas disposé à suivre Dieu, alors tout ce que vous pouvez voir est le côté déplaisant de la chose:

"Il convenait, en effet, que celui (Dieu) pour qui et par qui sont toutes choses (Dieu le Père), et qui voulait conduire à la gloire beaucoup de fils (c'est vous et moi), élevât à la perfection par les souffrances le Prince (le véritable mot est "responsable") de leur salut." (Hébreux 2:10)

Jésus a été rendu parfait à travers la souffrance. Il est notre chef. Nous avons été rendus parfaits de la même façon que lui, c'est-à-dire à travers les souffrances qui découlent de l'obéissance en disant: "Non pas ma volonté, mais la tienne." Non pas la souffrance qui vient de la désobéissance, car elle ne nous purifie pas, ne nous épure pas, ne nous rend pas parfaits.

C'est la souffrance engendrée par l'obéissance qui nous rend parfaits.

"Car celui qui sanctifie et ceux qui sont sanctifiés sont tous issus d'un seul..." (verset 11a)

Qui est celui qui sanctifie? Qui sont ceux qui sont sanctifiés et qui est le seul dont il est question ici? Celui qui sanctifie, c'est Jésus. Ceux qui sont sanctifiés, c'est vous et moi. Le seul dont nous sommes issus, Jésus, vous et moi, c'est le Père. Nous sommes donc sanctifiés par le Père en ce sens que Jésus a été rendu parfait. C'est le chemin de Jésus qui conduit à la sanctification, à la sainteté et à la perfection. Vous devez méditez ces passages des Ecritures car, si vous ne les connaissez pas bien, cela peut vous prendre un peu de temps. Il y aura de la neige pour certains et de la pluie pour d'autres. Si vous la laissez se réchauffer un peu, la neige fondra et vous en récolterez les bienfaits.

Hébreux 5:7-9 nous parle de Jésus dans les jours de sa chair, quand il était encore un être humain:

"C'est lui qui, dans les jours de sa chair, ayant présenté avec de grands cris et avec larmes des prières et des supplications à celui qui pouvait le sauver de la mort, et ayant été exaucé à cause de sa piété..." (verset 7)

La version Semeur dit: " ...et il a été exaucé, à cause de sa soumission à Dieu." Sa prière a été exaucée. C'est l'esprit d'accès à Dieu. Jésus est le modèle parfait. Entrez avec l'esprit prosterné devant le Dieu tout-puissant. Il a été entendu parce qu'il craignait Dieu. Le fait qu'il n'y a pas assez de crainte de Dieu est l'une des raisons majeures pour lesquelles les prières ne sont pas entendues. Je peux vous en donner une demi-douzaine d'autres, mais Dieu m'a montré cet été que c'était là la racine du problème. Nous pouvons enseigner tous les principes pour que les prières soient exaucées mais, si l'attitude est mauvaise, cela ne fonctionne pas. L'attitude vient en premier. Il a été entendu grâce à son humble soumission, et parce qu'il avait la crainte de Dieu.

"Il a appris bien qu'il fût Fils l'obéissance par les choses qu'il a souffertes..." (verset 8)

Il a découvert ce qu'était l'obéissance par la souffrance comme conséquence de l'obéissance.

"... et qui, après avoir été élevé à la perfection, est devenu pour tous ceux qui lui obéissent l'auteur (la source) d'un salut éternel..." (verset 9)

Le chemin qu'il a suivi est le chemin nouveau et vivant. Je ne peux pas m'étendre plus, mais c'est l'une des vérités les plus profondes du Nouveau Testament. Jésus est Dieu, était Dieu et sera toujours Dieu. Il est un Dieu parfait. Il est devenu homme pour toujours. N'oubliez pas, il est encore homme. Le croyez-vous?

"... et aussi un seul médiateur entre Dieu et les hommes, Jésus-Christ homme." (1 Timothée 2:5b)
Le deuxième homme est le Seigneur du ciel. En devenant homme, il est arrivé comme un bébé. Il a dû devenir parfait. Il ne l'était pas; il était sans péché, mais pas parfait. Comment a-t-il été rendu parfait? A travers la souffrance. Autrement dit, il s'est développé dans une maturité parfaite et c'est la façon dont vous et moi nous nous développons aussi, comme lui l'a fait. C'est merveilleux.
Une autre chose fantastique est qu'il a mérité sa promotion. Quand il a renoncé à lui-même, il n'a pas mis de condition, il s'est simplement abandonné. Il est descendu au plus bas, il a été obéissant jusqu'à la mort et Philippiens 2:9 dit: "C'est pourquoi Dieu l'a souverainement élevé." Il a dû gagner son retour. L'expression "c'est pourquoi" indique que c'était le

résultat de son obéissance. S'il avait désobéi, il ne serait jamais revenu. Il est donc le parfait modèle de développement, de maturité et de perfection. Il a dû être rendu parfait en tant qu'homme. Comment l'a-t-il été? A travers l'obéissance. Laissez la théologie de côté et obéissez simplement.

Nous avons un souverain sacrificateur sur la maison de Dieu

Qu'avons-nous obtenu jusqu'à présent? Nous avons le chemin vers le saint des saint ouvert, un droit d'accès objectif à travers le sang, un chemin nouveau et vivant qui nous ouvre cet accès. Nous avons maintenant, et c'est la quatrième grande bénédiction, un grand prêtre qui nous attend, Jésus. Il est souverain sacrificateur sous deux aspects et j'aimerais vous les montrer.

"… nous avons un tel souverain sacrificateur, qui s'est assis à la droite du trône de la majesté divine dans les cieux, comme ministre du sanctuaire..." (Hébreux 8:1-2a)

Il est tout d'abord un ministre du sanctuaire. Prenons cet exemple: avez-vous déjà réalisé que le souverain sacrificateur devait connaître beaucoup de choses? Il devait observer beaucoup de règles, comme le fait de savoir de quelle manière tuer un animal, que faire du foie, des pattes, du cœur, de la tête, de la peau, où asperger le sang, de quel côté de l'autel, etc. Durant tout ce processus, il y avait de nombreuses règles précises à observer. Jésus est un ministre du véritable sanctuaire. Quand il est entré, il a tout parfaitement accompli. Il a tout du long observé chacune des règles édictées par Dieu, comme un sacrificateur le faisait. Nous avons ainsi un accès garanti, parce qu'il a bien fait les choses. Il n'a pas manqué une étape, il ne s'est trompé nulle part. Il est allé à chaque fois directement dans la présence de Dieu pour nous. Il est le souverain sacrificateur qui sait ce qu'il faut faire à chaque cérémonie, à chaque stade et dans chaque partie du sanctuaire.

Nous pouvons réfléchir à la somme de talents et de connaissances qu'il fallait au prêtre lévite quand nous pensons à ce qu'il devait savoir pour découper la bête du sacrifice et beaucoup d'autres choses. Donnez-moi un mouton et je serais bien embarrassé! J'ai lu ces parties du Lévitique et je pense que c'est bon, que je n'ai pas besoin de connaître la différence entre le foie et un autre organe parce que je ne le saurais pas. Je veux simplement souligner le fait qu'il fallait être doué et avoir de solides connaissances. Jésus l'a accompli. Nous pouvons lui faire confiance. Il n'a fait aucune erreur.

Vous est-il déjà arrivé de faire un voyage à l'étranger et de faire confiance à une agence de voyages pour réserver votre chambre d'hôtel et vous rendre compte que rien n'avait été réservé? Les employés n'étaient alors pas compétents. Jésus a rempli toutes les conditions jusqu'au bout. Il est ensuite le médiateur de la Nouvelle Alliance:

"… il est le médiateur d'une nouvelle alliance..." (Hébreux 9:15a)

Il est dit dans Hébreux 12:24 qu'il "est le médiateur de la Nouvelle Alliance". Nous devons participer aux bénéfices de son sacrifice par son Saint-Esprit. Il nous le communique, il travaille en nous alors que nous avançons dans le chemin de chaque étape pour y accéder. Il est celui qui rend l'alliance efficace en vous et moi. En ayant fait tout le travail de fond, ayant été en Dieu, il s'est retourné et a accompli tout ce qui est nécessaire chez ceux qui obéissent pour qu'ils aient un parfait accès. Il a été le médiateur de l'alliance. Réfléchissez à ces propos, car le temps ne nous permet pas de nous y étendre.

Résumons encore une fois les quatre bénédictions de la Nouvelle Alliance:

1. Le saint des saints nous est ouvert. Le voile est déchiré, donc la voie est ouverte.
2. Nous avons l'assurance d'y entrer par le sang de Jésus.
3. Nous avons un chemin nouveau et vivant pour y entrer, le chemin que Jésus a emprunté, c'est-à-dire l'obéissance, le renoncement de soi, le sacrifice et la mort du vieil homme. Jésus a dit que celui qui voudrait perdre sa vie la retrouverait. Le mot grec ici pour "vie" est "âme". Vous devez abandonner votre ego charnel et dire "non". C'est alors que vous trouverez le chemin pour entrer.
4. Nous avons un souverain sacrificateur sur la maison de Dieu qui sait exactement ce qu'il faut faire.

CHAPITRE HUIT

LES QUATRE PRINCIPAUX CRITÈRES D'UN VÉRITABLE ADORATEUR

Voyons maintenant les quatre conditions majeures que Dieu attend de nous afin de nous permettre de profiter de ce qu'il a prévu pour nous. Nous trouvons le premier dans Hébreux 10:22:

"… approchons-nous donc avec un cœur sincère, dans la plénitude de la foi, les cœurs purifiés d'une mauvaise conscience, et le corps lavé d'une eau pure."

Que signifie "un cœur sincère"? Je vous donne mon avis. Les mots que j'emploie sont des mots fort peu utilisés par les gens religieux. Ce sont "sincérité", "honnêteté", "loyauté", "engagement total, sans condition". Voilà un cœur sincère. Si j'aime ma femme d'un cœur sincère, je l'aime totalement. Je ne ferai rien, quelles que soient les circonstances, qui soit déloyal envers elle. Je crois que nous devrions remettre au goût du jour du vocabulaire religieux le mot "loyauté". La loyauté est devenue dépassée et démodée pour certaines personnes, qu'il s'agisse de la loyauté envers la famille, le pays, le gouvernement. Je crois en la loyauté. Je ne perds pas mon temps avec quelqu'un qui n'est pas loyal.

Charles Simpson et moi en parlions un jour. Il me disait: "Qu'est-ce qui a fait que l'apôtre Jean est resté devant la croix au côté de Marie alors que tous les autres avaient fui? Etait-ce la théologie?" Pas du tout, mes amis. C'était la loyauté. "Qu'est-ce qui a fait que Marie Madeleine est allée au tombeau à l'aube? Etait-ce une doctrine théologique?" Non. C'était la loyauté. Elle voulait être loyale envers cet homme, même s'il n'était plus rien d'autre qu'un corps mutilé. Il n'y a plus beaucoup de loyauté parmi certains chrétiens. Nous devons être loyaux envers Jésus ainsi que les uns envers les autres. Voilà un cœur sincère, vrai. Vous ne pouvez pas mettre du miel sur l'offrande consumée par le feu pour l'Eternel, parce que cela se transforme en une masse collante et noirâtre[2]. Un cœur sincère et vrai n'est donc pas comme des paroles mielleuses.

Les personnes qui viennent nous voir, mon épouse ou moi, pour un conseil doivent savoir une chose: si elles ne veulent pas savoir ce que nous pensons réellement, qu'elles ne viennent pas. Je crois que nous devons être honnêtes les uns envers les autres. Il nous est demandé de dire la vérité dans l'amour et non pas d'abattre les gens.

Lisons quelques passages.

"Voici, je suis né dans l'iniquité, et ma mère m'a conçu dans le péché." (Psaume 51:7)

David a fait une découverte. Le mot "voici" est fort. Il a été longtemps religieux, maintenant il fait une découverte.

"Mais tu veux que la vérité soit au fond du cœur: Fais donc pénétrer la sagesse au-dedans de moi!" (verset 8)

Nous ne pouvons pas connaître la sagesse intérieure tant que nous n'avons pas la vérité au fond de notre cœur; cela va ensemble. La révélation de la sagesse intérieure vient d'un cœur sincère, droit, honnête et non de l'intelligence.

"Purifie-moi avec l'hysope, et je serai pur; lave-moi, et je serai plus blanc que la neige. Annonce-moi l'allégresse et la

---

[2] Voir chapitre 4, page 82

joie, et les os que tu as brisés se réjouiront. Détourne ton regard de mes péchés, efface toutes mes iniquités. O Dieu! crée en moi, un cœur pur, renouvelle en moi un esprit bien disposé." (versets 9-12)

Pour moi, c'est une révélation. Lorsque le péché s'est fait un chemin dans votre cœur, il ne peut être ni raccommodé, ni réparé, ni modifié. Il faut un acte créatif de Dieu pour vous donner un cœur pur. C'est pourquoi chacun de nous a besoin d'un cœur pur. La vérité est au fond du cœur, comme le sont la sincérité et l'honnêteté. Exprimer avec votre bouche ce qui est au fond de votre cœur signifie que vous devez avoir les bonnes choses dans votre cœur, autrement cela sera très embêtant. Lisons le Psaume 139:21-24. David parle des ennemis de Dieu:

"Eternel, n'aurais-je pas de la haine pour ceux qui te haïssent, du dégoût pour ceux qui s'élèvent contre toi? Je les hais d'une parfaite haine; ils sont pour moi des ennemis."

Je demande aux gens s'il est juste pour un chrétien de tenir ces propos. Certains pensent que oui, d'autres que non. Je leur dis de lire le verset suivant pour voir où David voyait ses ennemis.

"Sonde-moi, ô Dieu..."

Ai-je une cinquième colonne en moi? Y a-t-il quelque chose en moi qui est ennemi de Dieu? Je dis aux gens, lors de la délivrance, que Dieu ne va pas les délivrer de leurs amis. Mais, si vous faites de vos amis vos ennemis, Dieu les fera sortir. Un jeune homme m'a dit un jour: "Frère Prince, je crois que j'ai un démon de luxure. Mais je l'aime bien. Pensez-vous que Dieu puisse me délivrer?" Je lui ai carrément dit non. Pourquoi ferait-il sortir vos amis? C'est quand ils deviennent vos ennemis que Dieu agit. David ne parlait donc pas de quelqu'un d'extérieur quand il dit: "Sonde-moi, ô Dieu..." "Vois s'il y a quelque chose en moi qui est mauvais et qui s'oppose à toi. Je hais tout ce qui est contre Dieu." Pouvez-vous le dire? Le pouvez-vous vraiment? Vous devez prendre position. Il n'y a pas de neutralité.

"Sonde-moi, ô Dieu, et connais mon cœur! Eprouve-moi, et connais mes pensées!"

Invitez-vous Dieu à le faire? Avez-vous peur de le faire? N'ayez pas peur. Je dis à ceux qui viennent se confesser de se rappeler qu'ils ne viennent rien confesser que Dieu ne sache déjà. Vous n'allez rien lui dire qui le surprenne. C'est pour votre bien, pas pour le sien.

"Regarde si je suis sur une mauvaise voie, et conduis-moi sur la voie de l'éternité."

Je crois vraiment qu'avant que Dieu nous conduise sur cette voie, qui est celle de l'éternité, nous devons le laisser sonder et éprouver notre cœur. Eliminez toute cinquième colonne de votre cœur, tous les ennemis de Dieu qui y sont tapis. Mettons notre cœur à nu.
Vous pourriez me dire: "Frère Prince, rien n'est mauvais dans mon cœur. Tout va bien." D'accord. Je vous demande alors comment vous le savez. Il n'y a qu'une seule personne qui peut voir dans votre cœur, et ce n'est pas vous.

"Le cœur est tortueux par-dessus tout, et il est méchant: Qui peut le connaître?" (Jérémie 17:9)

Il ne s'agit pas seulement du cœur de quelques personnes, mais du cœur en général, du cœur humain, de votre cœur, de mon cœur, de n'importe quel cœur. Il est tortueux par-dessus tout et il est méchant.
En 1946, j'ai assisté à un cours à l'université hébraïque de Jérusalem; j'ai écouté le plus grand expert en langue

138

hébraïque et il avait choisi ce passage parce qu'un mot, celui traduit par "tortueux", "aqob", est le même mot que celui qui a donné "Jacob", "Ya aqob'". Jacob était un tricheur. Combien ce mot m'a ouvert des horizons. Nous le trouvons en Esaïe 40:4 (" ... et ce qui est tortu sera rendu droit.", traduction Darby n.d.t.). Nous le lisons dans Osée 6:8 où il est dit que "Galaad est une ville d'ouvriers d'iniquité, couverte de traces de sang." (Darby) C'est le même mot. Ce professeur disait une chose: "A la façon dont le féminin de l'adjectif est formé, nous savons qu'il n'est pas passif, mais actif." Votre cœur est activement tortueux, alors ne lui demandez pas la vérité.

Il a dit que c'est comme un sceau devant votre cœur. Si vous enlevez un sceau, vous en trouvez un autre. Si vous l'enlevez encore, il y en aura un autre. Vous ne saurez finalement jamais quand vous aurez enlevé le dernier sceau. C'est remarquable car, bien qu'il soit professeur et juif, il n'était pas religieux et ne faisait aucune profession de foi. En exposant simplement ce mot, il a laissé en moi quelque chose que je n'ai jamais oublié. Le cœur est tortueux par-dessus tout. L'élément le plus trompeur dans le monde est le cœur humain.

De plus, il souffre d'une maladie incurable. "Méchant" pourrait aussi se traduire par "atteint d'une maladie incurable". Ailleurs Jérémie dit qu'"il n'y a pas de médicament capable de le guérir". On n'a aucun médicament pour guérir le cœur. Qui peut le connaître?

"Moi, l'Eternel, j'éprouve le cœur..." (Jérémie 17:10a)

Montrez à Dieu ce qui est dans votre cœur et laissez-le s'en occuper. Mettez-le à nu devant lui. Sonde-moi, ô Dieu! Je n'ai pas peur de le dire. Je ne crois pas que je pourrais être plus embarrassé que je ne l'ai été une fois. En effet, je parlais au frère Mumford après un service de délivrance et je lui ai dit: "Certaines personnes sont surprises de voir un jeune homme utilisé par Dieu pour amener des milliers de personnes au Seigneur se tordre par terre à cause de démons encore à l'œuvre en lui." "Cela ne me surprend pas du tout, m'a-t-il répondu; presque tout ce que j'ai chassé chez les autres, j'ai dû les affronter d'abord en moi." J'étais pasteur pentecôtiste à cette époque. Et il a ajouté: "Si cela ne correspond pas à votre théologie, il faut que vous la changiez!"

Les gens disent que les chrétiens ne peuvent pas avoir de démons. Avez-vous déjà entendu quelqu'un le déclarer? Laissez-moi vous citer une petite parabole que je ne me donnerai même pas la peine d'interpréter. J'ai vécu cinq ans en Afrique de l'Est et j'ai voyagé à plusieurs reprises entre le Kenya et la Tanzanie, qui s'appelait à l'époque le Tanganyika. Juste dans le nord de la Tanzanie se trouve la plus belle des montagnes, le Kilimandjaro, avec ses neiges éternelles. C'est le plus beau site à voir lorsque les rayons du soleil tropical brillent sur ces neiges éternelles.

Le premier missionnaire en Afrique de l'Est était un Allemand nommé Kraus, qui parcourait le pays sans autre arme qu'un parapluie qu'il avait pour s'abriter de la pluie et de la chaleur et dormir dessous la nuit. Il a découvert le Kilimandjaro et a écrit dans son journal qu'il y avait une montagne couverte de neige à quelques kilomètres au sud de l'équateur. Quand le journal est parvenu en Angleterre, un certain expert a écrit un livre pour prouver qu'il ne pouvait y avoir de montagne couverte de neige aussi près de l'équateur… Vous comprenez maintenant l'application.

"Le Seigneur dit: Quand ce peuple s'approche de moi, il m'honore de la bouche et des lèvres; mais son cœur est éloigné de moi, et la crainte qu'il a de moi n'est qu'un précepte de tradition humaine." (Esaïe 29:13)

C'est de la religion. Il honore Dieu avec les lèvres, mais son cœur est éloigné de lui. C'est la crainte qui vient de préceptes humains. Si vous êtes mennonite, vous agissez d'une certaine façon. Si vous faites partie des Assemblées de Dieu, vous agissez d'une autre. Si vous êtes catholique, vous agissez encore autrement. Pour beaucoup de gens, qu'ils soient catholiques, des Assemblées de Dieu ou mennonites, c'est un acte religieux. Vous ne devriez pas avoir à changer de comportement quand vous entrez dans l'église. Vous remarquerez que la plupart des gens religieux ont un ton de voix différent quand ils sont dans l'église. Quand ils prient, c'est un ton artificiel et faux. Le grand péché des gens religieux est celui que Jésus a reproché le plus sévèrement aux pharisiens: l'hypocrisie. Savez-vous ce qu'est l'hypocrisie? C'est le mot grec "hupocrisis" qui désigne un acteur. La religion est essentiellement le fait de jouer un rôle.

Cela dépend à quel genre de religion vous appartenez et quel rôle vous jouez. Dans certaines cultures ancestrales, on portait des masques pour le théâtre. Je crois qu'il y en avait cinq ou six. Chaque auteur dramatique devait écrire une pièce avec le nombre de personnages correspondant au nombre de masques. L'acteur, lorsqu'il jouait son rôle, ne montrait pas son vrai visage et portait un masque. C'est exactement comme pour la religion. C'est simplement une sélection de masques. Quel masque portez-vous? Le masque catholique, celui des Assemblées de Dieu, celui des méthodistes? C'est ainsi que vous agissez quand vous êtes à l'église. Quand vous dites toutes ces belles choses à Dieu avec vos lèvres, votre cœur est loin de lui. Dieu dit que, quand les gens agissent ainsi, il les juge et leur enlève la possibilité de voir la vérité.

Lisons-le encore une fois:

"Le Seigneur dit: Quand ce peuple s'approche de moi, il m'honore de la bouche et des lèvres; mais son cœur est éloigné de moi, et la crainte qu'il a de moi n'est qu'un précepte de tradition humaine." (Esaïe 29:13)

Ne pas boire, ne pas danser, ne pas fumer, ne pas aller au cinéma… c'est le groupe auquel j'ai appartenu pendant des années. Quand la télévision est arrivée, elle n'était pas soumise à tous ces préceptes! Il était mal vu de sortir pour voir un thriller ou un western, mais il n'y avait aucun problème à rester chez soi pour le regarder à la télévision. Pour moi, ce n'est rien d'autre que de l'hypocrisie. Si c'est mauvais à l'extérieur, c'est deux fois pire à l'intérieur. J'en ai moi-même été coupable. J'ai vécu sous ces règles beaucoup plus longtemps que je ne l'aurais voulu. Croyez moi, cher ami, je n'ai jamais essayé de revenir à ce genre de règles, ni même aux règles charismatiques. Savez-vous ce que certaines personnes ont fait? Elles ont rejeté les règles baptistes et les ont remplacées par des règles charismatiques. Les règles charismatiques sont tout aussi destructrices pour l'âme que les règles baptistes ou catholiques...

"C'est pourquoi (à cause de son hypocrisie) je frapperai encore ce peuple (le peuple de Dieu) par des prodiges et des miracles..." (verset 14)

Dieu ne pourrait pas le dire de façon plus forte. C'est quelque chose d'étonnant.

"... et la sagesse de ses sages périra, et l'intelligence de ses hommes intelligents disparaîtra."

Avez-vous connu des groupes religieux comme ceux-là? Moi oui. Et je ne pense pas aux catholiques romains, mais aux pentecôtistes! Chaque groupe religieux ayant vraiment un message a ajouté un étage au bâtiment de Dieu, l'église. Presque invariablement, ce qu'ils font ensuite est qu'ils y mettent un toit. Ils se disent qu'ainsi c'est bon, pas plus. Lorsque le vent du Saint-Esprit souffle la fois suivante, savez-vous ce qu'il fait en premier? Il fait s'envoler le toit! Et savez-vous qui sont ceux qui s'opposent le plus à la construction de l'étage suivant? Ceux qui ont construit celui d'avant. N'est-ce pas incroyable? Maintenant je parviens à le comprendre, mais pendant longtemps je n'y parvenais pas. Ceux qui ont amené le dernier réveil sont ceux qui s'opposent le plus au suivant. N'est-ce pas étonnant?

Revenons au cœur sincère, exempt d'hypocrisie, d'actes religieux, rempli de sincérité et de loyauté. Nous pourrions aussi traduire "foi" par "obéissance". C'est une pensée forte. Je vais vous en donner un autre aspect. Traduisez "foi" par "loyauté". Loyauté envers Jésus-Christ à n'importe quel prix. Vous verrez qu'elles poursuivent exactement le même but.

La condition suivante est la plénitude de la foi. Comment l'obtenons-nous? Est-ce un effort, une lutte, devez-vous sans cesse vous demander si vous êtes rempli de foi? Non. C'est une décision. La foi est une décision. C'est pourquoi l'incrédulité est le premier des péchés. Que signifie avoir la plénitude de la foi? Je vous suggère de lire le Psaume 119:128. Il y a différentes façons de le présenter:

"C'est pourquoi je trouve justes toutes tes ordonnances (cela s'adresse à l'Eternel), je hais toute voie de mensonge."

Combien cela est parlant. Dieu, quoi que vous en disiez, est juste. Tout ce qui lui déplaît est une mauvaise voie. Ce n'est pas un sentiment, c'est une décision. Vous pouvez prendre cette décision quand vous voulez. La mise en œuvre peut prendre de longues années, mais la décision peut-être prise en un instant. Je veux être d'accord avec ce que Dieu dit. Tout ce qu'il dit est vrai. J'en suis arrivé à cette conclusion. Quand j'ai été sauvé et baptisé dans le Saint-Esprit dans un baraquement de l'armée sans rien savoir de la doctrine du Nouveau Testament, je me suis attaché à un fait: la Bible est le livre qui nous donne la réponse. C'est celui qui m'a dit ce qui m'est arrivé. J'ai donc décidé à cette époque que tout ce que la Bible dit est juste et que, si quelque chose ou quelqu'un est en désaccord avec la Bible, il a tort. C'est ainsi. Dans le Psaume 119:118, c'est simple: "C'est pourquoi je trouve justes toutes tes ordonnances." Avez-vous peur de le dire?

Les difficultés intellectuelles viennent surtout d'un manque de volonté à prendre une décision. C'est le fait de remettre à plus tard et de l'indécision dans le domaine spirituel, car croire est une décision. Un jour ou l'autre, vous devrez prendre une décision. Si vous attendez de comprendre toute la Bible avant d'y croire, vous devrez attendre longtemps. Si vous attendez de tout comprendre sur Jésus-Christ avant de l'accepter, vous attendrez longtemps. La foi est une décision en rapport avec Christ et l'Ecriture. J'ai pris cette décision, Dieu merci. Mon esprit est en repos. J'éprouve une parfaite paix intérieure.

"Nous renversons les raisonnements et toute hauteur qui s'élève contre la connaissance de Dieu, et nous amenons toute pensée captive à l'obéissance de Christ." (2 Corinthiens 10:5)

Vous pouvez le faire. En vous se trouve un esprit habitué à discuter avec Dieu. Faites-le taire. Par sa nature, il est opposé à Dieu. Romains 8:7a dit: "Car l'affection de la chair est inimitié contre Dieu..." Supprimez cet ennemi, refusez-lui la liberté de parole. Quand vous dites: "Eternel, n'aurais-je pas de la haine pour ceux qui te haïssent?", vous parlez de votre esprit charnel. Il est inimitié contre Dieu. Ne l'écoutez pas, ne le laissez pas discuter, ne le laissez pas venir avec ses "mais". Vous avez décidé que tout ce que Dieu dit est vrai. Restez fidèle à cette décision. Voilà la plénitude de la foi.

"Mais qu'il la demande avec foi, sans douter (on pourrait dire avec indécision); car celui qui doute est semblable au flot de la mer, agité par le vent et poussé de côté et d'autre. Qu'un tel homme ne s'imagine pas qu'il recevra quelque chose du Seigneur." (Jacques 1:6-7)

C'est une affirmation radicale. Celui qui est instable, indécis ou hypocrite n'obtiendra rien de Dieu. Décidez une fois pour toutes que ce que Dieu dit est la vérité. Voilà la plénitude de la foi.

2 Thessaloniciens 2:11-12 est très important:

"Aussi Dieu leur envoie une puissance d'égarement, pour qu'ils croient au mensonge..."

Cela peut vous surprendre si vous n'êtes pas familier des Ecritures.

"... afin que tous ceux qui n'ont pas cru à la vérité, mais qui ont pris plaisir à l'injustice soient condamnés."

C'est aussi simple que cela. Si vous ne croyez pas à la vérité, vous croirez un mensonge. Qu'allez-vous croire? C'était le choix d'Eve. Dieu lui avait dit la vérité, Satan lui a dit un mensonge. Elle avait deux voies. Elle a choisi le mensonge; c'est de l'incrédulité. Qu'est-ce que l'incrédulité? C'est croire le mensonge. Ce n'est pas ne croire en rien, tout le monde croit en quelque chose; la décision est de savoir si je vais croire Dieu ou si je vais croire le serpent. Dieu dit que, si vous ne croyez pas la vérité, il fera en sorte que vous croyez le mensonge. Alors il vaut mieux croire la vérité.

Vous, les charismatiques, cessez de jouer avec la vérité. Cessez de croire simplement ce qui vous arrange en laissant le reste de côté. Ne soyez pas comme le roi Saül qui a dit: "Béni soit l'Eternel, j'ai obéi au commandement de l'Eternel." Il a fait ce qui lui a plu et il en a perdu sa couronne.

J'ai raconté cette histoire à mes étudiants en Afrique et j'allais leur enseigner la vérité spirituelle qui était un exemple de ce que nous leur avions donné. Je peux revoir la scène comme si j'y étais. Je me revois dans une salle de classe, en Afrique de l'Est, au tableau pour écrire la vérité spirituelle à propos de l'histoire du roi Saül. Vous connaissez l'histoire dont je parle. Saül avait été envoyé pour exterminer les Amalécites et il était revenu en épargnant Agag et le reste des brebis et des bœufs. Il a dit à Samuel: "J'ai obéi au commandement de l'Eternel." Samuel lui a répondu: "Je ne comprends pas, j'entends les brebis bêler et les bœufs meugler. Si tu les as bien tués, comment est-ce possible?" J'étais donc en train de l'enseigner à mes étudiants en leur disant que j'allais leur montrer la vérité spirituelle de cette histoire. Le temps que je me rende au tableau, c'était comme si Dieu me disait: "Je vais te dire la vérité spirituelle de cette histoire." Le temps d'y aller et je l'avais. Je l'ai écrite. *L'obéissance partielle est désobéissance.* Croire que ce que vous avez envie de croire, c'est ne croire en rien. C'est de l'incrédulité. Vous pouvez recevoir la vérité ou vous pouvez vous abuser vous-même. Ce sont les deux seules possibilités qui s'offrent au peuple de Dieu en cette fin des temps.

Voyons à présent le cœur purifié d'une mauvaise conscience:

"A plus forte raison donc, maintenant que nous sommes justifiés par son sang, serons-nous sauvés par lui de la colère." (Romains 5:9)

Il est dit que nous sommes justifiés par le sang de Jésus. Vous connaissez ma définition de la justification. C'est comme si nous n'avions jamais péché. C'est ainsi que nous rend le sang de Jésus. Il n'y a plus de conscience du péché.

"Il n'y a donc maintenant aucune condamnation pour ceux qui sont en Jésus-Christ." (Romains 8:1)

"Si nous confessons nos péchés, il est fidèle et juste pour nous les pardonner, et pour nous purifier de toute iniquité." (1 Jean 1:9)

"Si notre cœur ne nous condamne pas, nous avons de l'assurance devant Dieu." (1 Jean 3:21)

Mais si mon cœur me condamne, je n'ai pas accès à Dieu.

"Si j'avais conçu de l'iniquité dans mon cœur, le Seigneur ne m'aurait pas exaucé." (Psaume 66:18)

C'est un pas de foi que vous devez faire. Tous mes péchés sont pardonnés, je les ai tous confessés, le sang de Jésus-Christ m'a purifié de toute injustice, je suis justifié comme si je n'avais jamais péché. Le croyez-vous? Moi oui. Je le crois vraiment. Je ne laisse pas mon esprit insinuer en moi des doutes religieux. Je crois que c'est exactement comme il est dit. Je confesse tous mes péchés. Je ne pense à aucun d'eux non confessé. Je crois que Dieu est fidèle et juste, je crois qu'il a pardonné tous mes péchés, je crois qu'il m'a purifié de toute injustice, je crois que je suis accepté dans le bien-aimé, je crois que je suis justifié comme si je n'avais jamais péché. Je n'ai pas à m'humilier dans la présence de Dieu, je n'ai pas à gémir; je peux marcher la tête haute.

Lévitique 26:13b dit:

"… je vous ai fait marcher la tête levée."

En Egypte, le peuple pliait sous de lourds fardeaux et se courbait sous les coups de fouet du contremaître. Quand Dieu l'a racheté par le sang de l'agneau, il a signifié que les fardeaux avaient été enlevés, qu'il n'avait plus besoin de se courber sous le fouet, qu'il pouvait marcher la tête haute. Tout enfant de Dieu a le droit de marcher sur le chemin droit et étroit de la volonté de Dieu les yeux droits devant et dire: "Satan, pousse-toi. Un enfant de Dieu arrive sur la route et tu dois t'ôter du chemin."

Hébreux 10:17 est encore plus fort:

"Et je (c'est Dieu qui parle) ne me souviendrai plus de leurs péchés ni de leurs iniquités."

Dieu n'a pas une mauvaise mémoire, il oublie facilement! C'est très différent. Dieu se souvient de tout ce qu'il n'a pas décidé d'oublier. S'il décide de l'oublier, il ne s'en souvient plus.

Le dernier point est un corps lavé d'une eau pure:

"… approchons-nous avec un cœur sincère, dans la plénitude de la foi, les cœurs purifiés d'une mauvaise conscience, et le cœur lavé d'une eau pure." (Hébreux 10:22)

Cela veut-il dire que l'état de mon corps affecte mon accès à Dieu? Oui. Cela comprend-il mon corps? Oui. Je le crois. Que signifie avoir le corps lavé d'une eau pure? Qu'est-ce que l'eau pure? C'est la parole de Dieu. Comment la parole de Dieu nous purifie-t-elle?

"Ayant purifié vos âmes en obéissant à la vérité..." (1 Pierre 1:22a)

Comment la parole de Dieu vous purifie-t-elle? Quand vous lui obéissez, par l'Esprit. La parole agit par l'Esprit et le fait d'obéir vous purifie.

"Quiconque a cette espérance en lui (Jésus-Christ) se purifie comme lui-même est pur." (1 Jean 3:3 dit)

Savez-vous comment vous purifier? Obéissez à la parole qui vous a été donnée par l'Esprit et vous vous purifierez. Quelle pureté devez-vous atteindre? La même que lui. Le seul modèle de Dieu, c'est Jésus.

1 Thessaloniciens 4:3, qui se rapporte au baptême d'eau, nous dit:

"Ce que Dieu veut, c'est votre sanctification; c'est que vous vous absteniez de l'impudicité (soyez saints)..."

La fornication n'est pas sainte. L'abus de votre corps pour un but sexuel immoral est le contraire de la sainteté.

"… c'est que chacun de vous sache posséder son corps (Darby: "vase") dans la sainteté et l'honnêteté…" (verset 4)

Qu'est-ce que ce vase? Votre corps est le vase et la Bible dit que c'est la volonté de Dieu que vous sachiez garder ce corps exempt de toute souillure: pur et saint.
Puis cela continue dans 1 Thessaloniciens 5:23:

"Que le Dieu de paix vous sanctifie lui-même tout entiers, et que tout votre être, l'esprit, l'âme et le corps, soit conservé irrépréhensible lors de l'avènement de notre Seigneur Jésus-Christ!"

La Bible dit que votre corps peut et doit être gardé irrépréhensible jusqu'à l'avènement du Seigneur. C'est la sainteté complète. Si votre corps n'est pas gardé sans tache, quel qu'en soit le prix, ce n'est pas une sainteté totale. La volonté de Dieu est que vous sachiez garder ce corps dans la sanctification et dans l'honneur.
Dans 1 Corinthiens 6:12-20, le thème principal est l'importance du corps. La plupart des chrétiens grandissent avec l'idée que le corps n'est pas vraiment important. La Bible ne l'a jamais dit, remarquez-le bien. Il n'est pas biblique de minimiser l'importance de votre corps.

"Tout m'est permis..." (verset 12)

Cela ne me pose pas de problème de manger trois glaces. Mais avez-vous lu le verset suivant?

"... mais tout n'est pas utile..."

Cela ne me fait pas de bien. Aucune glace, ou cigarette ou café ne va me dicter ma conduite. J'ai entendu le frère Lester Sumrall dire: "Le matin où je me réveille en me disant que je ne vais pas y arriver si je n'ai pas ma tasse de café, c'est le matin où je n'en prends pas." Et c'est une très bonne décision. Quand vous devenez dépendant de quelque chose, vous en êtes esclave.

"Tout m'est permis, mais tout n'est pas utile; tout m'est permis, mais je ne me laisserai asservir par quoi que ce soit. Les aliments sont pour le ventre, et le ventre pour les aliments." (versets 12-13)

Dieu va faire disparaître ces deux choses. Elles ne sont pas permanentes. Profitez-en tant que vous les avez, cela ne va pas durer.

"Mais le corps n'est pas pour l'impudicité."

Il est facile pour un chrétien de dire "amen" à cela. Mais quelle est la partie suivante du verset?

"Il est pour le Seigneur et le Seigneur pour le corps."

Pour qui est votre corps? Il est pour le Seigneur. Quand votre corps est pour le Seigneur, le Seigneur est pour votre corps.

"Et Dieu, qui a ressuscité le Seigneur, nous ressuscitera aussi par sa puissance. Ne savez-vous pas que vos corps sont des membres de Christ?" (versets 14-15a)

Les membres de Christ sur la terre sont nos membres physiques. C'est à travers eux qu'il va agir.

"Prendrai-je donc les membres du Christ pour en faire les membres d'une prostituée? Loin de là! Ne savez-vous pas que celui qui s'attache à la prostituée est un seul corps avec elle? Car, est-il dit, les deux deviendront une seule chair. Mais celui qui s'attache au Seigneur est avec lui un seul esprit." (versets 15b-17)

Vous verrez qu'il y a un parallèle exact entre la relation physique avec la prostituée et la relation spirituelle avec le Seigneur. C'est une union avec le Seigneur. Celui qui est uni dans une relation d'amour avec le Seigneur est un seul esprit avec lui.

"Fuyez l'impudicité. Quelque autre péché qu'un homme commette, ce péché est hors du corps; mais celui qui se livre à l'impudicité pèche contre son propre corps." (verset 18)

Le péché sexuel souille votre corps. Je crois que c'est absolument vrai.
"Ne savez-vous pas que votre corps est le temple du Saint-Esprit qui est en vous, que vous avez reçu de Dieu, et que vous ne vous appartenez pas à vous-mêmes?" (verset 19)

Vous ne vous appartenez pas, et cela inclut votre corps. C'est la propriété de Dieu.

"Car vous avez été rachetés à un grand prix. Glorifiez donc Dieu dans votre corps et dans votre esprit, qui appartiennent à Dieu." (verset 20)

Cela fait une grande différence. Quel est le but suprême de votre corps? C'est de servir de temple au Saint-Esprit. Le Très-Haut n'habite pas dans des temples faits de main d'homme. Vous pouvez lui construire la plus belle église ou cathédrale et il peut y venir quand ses enfants y sont. Mais sa demeure est le corps du chrétien racheté.

Le passage de Matthieu 28:19 n'est pas rien. L'aviez-vous déjà lu dans ce contexte?

"Allez, faites de toutes les nations des disciples, les baptisant (en les immergeant) au nom du Père, du Fils et du Saint-Esprit."

La première chose qui arrive à votre corps une fois que vous engagez votre vie envers Jésus-Christ est qu'il est entièrement immergé dans l'eau, il est totalement mis à part. C'est une application d'eau purificatrice qui sanctifie. Dans tous les sacrifices de l'Ancien Testament, on lavait les entrailles dans l'eau. Tout ce qui était offert à Dieu sur l'autel du sang devait être lavé dans l'eau. C'est une ordonnance de sanctification, de séparation. Il est important que chaque zone extérieure de votre corps profite de ce lavage. Ce n'est pas pour vous rendre propre physiquement, mais pour vous rendre saint dans le véritable sens du terme, c'est-à-dire mis à part pour Dieu. Sans cela, il vous manque une provision pour la sainteté. Actes 2:38a dit:

"Repentez-vous, et que chacun de vous soit baptisé."

Quand c'est fait, alors vient Romains 12:1

"Je vous exhorte donc, frères, par les compassions de Dieu, à offrir vos corps comme un sacrifice vivant [...] à Dieu."

Matthieu 23:19 déclare que c'est l'autel qui sanctifie le don. Votre corps est donc sanctifié lorsqu'il est placé sur l'autel de Dieu. C'est ainsi que nous préservons notre corps dans la sanctification et l'honneur. Laissez-le sur l'autel. Jésus a dit aux pharisiens: "Insensés que vous êtes! Ce n'est pas le don qui sanctifie l'autel, c'est l'autel qui sanctifie le don." Si vous placez votre corps sur l'autel de Dieu, tant qu'il est en contact avec l'autel il est sanctifié. Si par contre vous perdez le contact, vous perdez la sanctification. Il ne vous appartient pas, il appartient à Dieu.

"Que le péché ne règne donc point (où?) dans votre corps mortel, et n'obéissez pas à ses convoitises. Ne livrez pas vos membres au péché, comme des instruments d'iniquité..." (Romains 6:12-13)

Cela désigne vos membres physiques. Ne les livrez pas au péché.

"... mais donnez-vous vous-mêmes à Dieu [...], et offrez à Dieu vos membres, comme des instruments de justice."

Qu'allez vous faire? Votre cœur est purifié d'une mauvaise conscience, vous savez que vos péchés sont pardonnés, vous savez que votre cœur est purifié et que votre corps est lavé d'une eau pure, celle de la parole de Dieu. Vous le purifiez en obéissant à la vérité qui vous est enseignée par le Saint-Esprit. Le premier acte de purification après avoir cru est d'être immergé en passant par les eaux, en étant mis à part pour Dieu. Après cela, vous déposez ce corps sanctifié par le sang et par l'eau sur l'autel du service de Dieu et présentez chaque membre individuellement à Dieu comme un instrument. C'est le seul instrument que Jésus-Christ ait pour faire sa volonté dans ce monde aujourd'hui. Nos membres sont les membres de Christ.

Que Dieu vous bénisse et vous aide à mettre ces paroles en pratique!

Vous pouvez devenir membre de notre Association

"Derek Prince Ministries France"

☑ pour une cotisation de 24 € par an.

Vous recevrez:

☞ sur demande, une réduction de 5 % sur tous vos achats,

☞ en plus des lettres d'enseignement, des articles de *Derek Prince* quatre fois par an, gratuitement,

☞ la lettre de nouvelles de "Derek Prince Ministries France",

☞ en avant première, vous serez tenu au courant de toutes les nouvelles parutions.

En plus, vous soutiendrez notre œuvre missionnaire dans les pays francophones en dehors de l'Europe!

Pour toute information:

DEREK PRINCE MINISTRIES FRANCE
Route d'Oupia, B.P.31, 34210 Olonzac FRANCE
tél. (33) 04 68 91 38 72 fax (33) 04 68 91 38 63
E-mail info@derekprince.fr * www.derekrpince.fr

☞ *Si vous avez acheté ce livre dans une librairie ou auprès d'un diffuseur autre que "Derek Prince Ministries France",*
☞ *si vous ne recevez pas encore les lettres d'enseignement et les lettres de liaison trimestrielles gratuites,*
☞ *et si vous aimeriez les recevoir gratuitement,[3]*
vous pouvez nous appeler au:

☎ *04 68 91 38 72*

ou nous écrire à:

"Derek Prince Ministries France"
B.P. 31, 34210 Olonzac, FRANCE

en indiquant bien votre nom, votre adresse et votre numéro de téléphone.

---

[3] France et DOM/TOM seulement

Cessez de vous trouver des excuses et faîtes en sorte que votre désir d'étudier la parole de Dieu devienne une réalité !

Cours biblique par correspondance: 'Les fondations chrétiennes' par Derek Prince

La plupart des chrétiens ont un désir sincère d'une meilleure connaissance de la Bible. Ils savent qu'une étude suivie et approfondie de la parole de Dieu est indispensable pour mûrir et vivre une vie chrétienne efficace. Malheureusement, la plupart manquent aussi de discipline, de direction et de motivation pour réussir une telle étude. Par conséquent, ils passent à coté des nombreux avantages obtenus par la connaissance et l'application de la Parole. Afin de fournir une direction et une discipline systématique dans l'étude de la Bible, Derek Prince a développé le cours par correspondance 'Les fondations chrétiennes'. Cette étude par correspondance vous permet de travailler à votre propre rythme, tout en offrant l'avantage d'un contact direct avec un coordinateur biblique qui peut vous fournir une direction ou de l'aide. Le cours est conçu autour de techniques d'enseignements établies et efficaces et est méthodique, avec des fondements bibliques et pratiques. Si vous souhaitez obtenir une brochure gratuit vous donnant plus d'informations sur le cours et comment vous inscrire (Europe et DOM/TOM seulement), merci de contacter:

Derek Prince Ministries France, B.P 31, 34210 Olonzac

Tel 04 68 91 38 72, fax 04 68 91 38 63

Email: catherine@derekprince.fr

www.ingramcontent.com/pod-product-compliance
Lightning Source LLC
Chambersburg PA
CBHW060255050426

42448CB00009B/1653